Endlich Feierabend

MÜNCHEN

44 WANDERTOUREN ZUM ENTSPANNEN

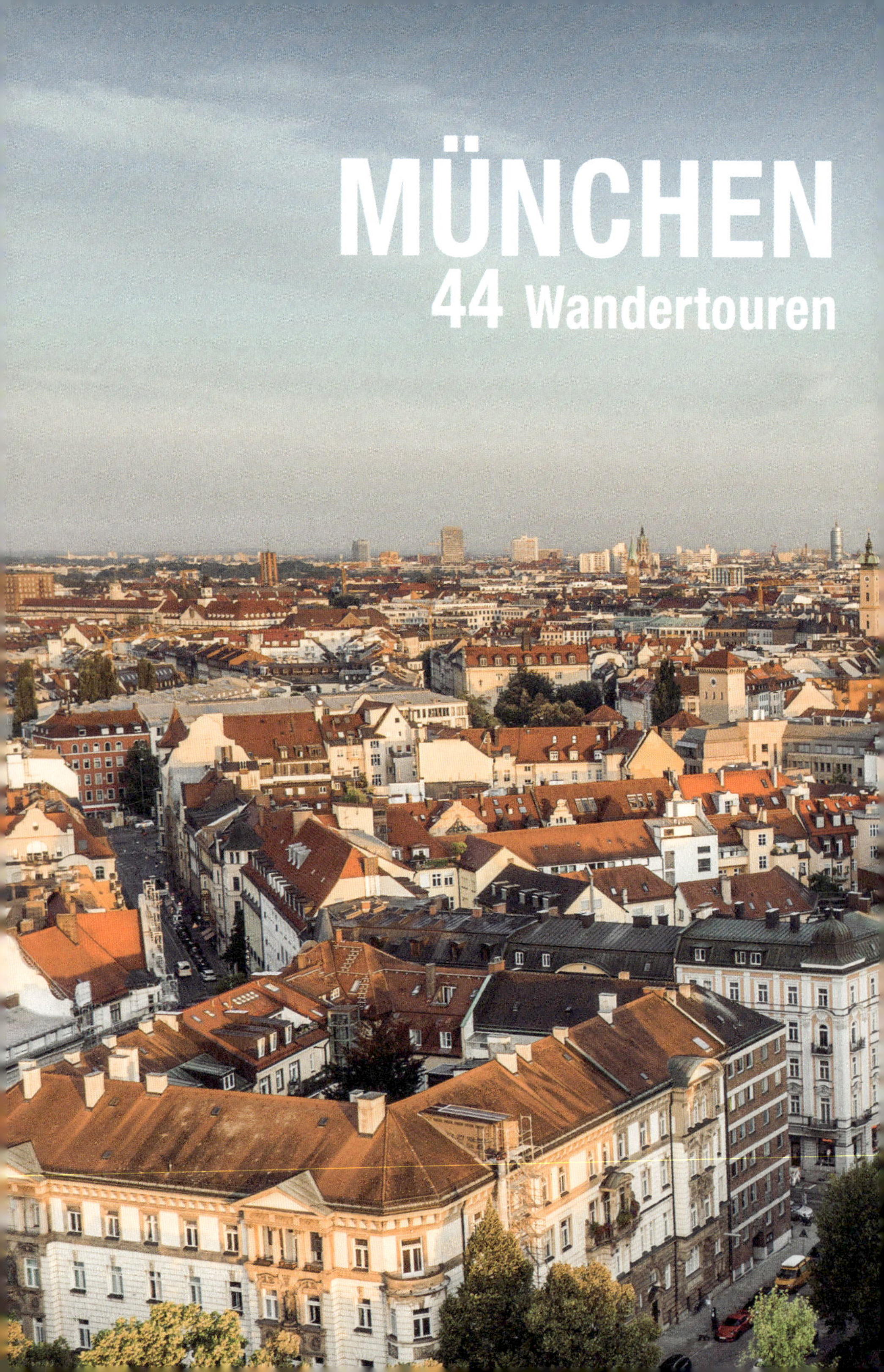
MÜNCHEN
44 Wandertouren

Endlich
Feierabend

Inhalt

Tourenübersicht

Übersichtskarte

Endlich...geht es los!

Packliste

Verhaltenskodex

Grundwissen

Touren 1– 44

Unsere Wander-Hacks

Endlich was Neues ausprobieren

Von Vorteil für Mensch & Natur

Impressum

KOMPASS
Dein Augenblick
DEUTSCHLAND
40 WANDERZIELE, DIE DICH INS STAUNEN VERSETZEN
KOMPASS
Dein Augenblick
DIE ALPEN
40
Dein Augenblick Deutschland
Dein Augenblick Die Alpen

Wer wir sind

Wegweisend: der KOMPASS-Verlag

KOMPASS-Produkte sind für Entdecker, Abenteurer und Menschen mit Tatendrang. Ob spontan aufbrechen oder mit einem klaren Ziel vor Augen, ankommen will jeder und jede. Dafür machen wir seit 1953 Outdoor-Produkte.

Tourenübersicht

TOUREN 1–10

TOUREN 11–22

Tourenübersicht

TOUREN 23–33

TOUREN 34–44

Aichach
DEUTSCHLAND
Gersthofen
Neusäß
AUGSBURG
Markt Indersdorf
Stadtbergen
Diedorf
Friedberg
Königsbrunn
Mering
Bobingen
Dachau
Karlsfeld
Olching
Schwabmünchen
Fürstenfeldbruck
Eichenau
Untermeitingen
Germering
Gräfelfing
Gilching
Planegg
Kaufering
Gauting
Buchloe
Landsberg am Lech
Herrsching am Ammersee
Starnberg
Ammersee
Wörthsee
Dießen am Ammersee
Tutzing
Starnberger See
Wolfratsha
Geretsried
Weilheim in Oberbayern
Schongau
Peiting
Peißenberg
Penzberg
Riegsee
Staffelsee
Murnau am Staffelsee
Kochelsee
A 8
A 96
A 99
A 95
A 952
B2
B11
B471
0
5
10
15
20 km
12
13
6
7
5
43
44
42
41
40
39
36
38
35
37
32

Touren-übersicht
Moosburg an der Isar
Vilsbiburg
Freising
Taufkirchen (Vils)
Erding
Dorfen
Garching
Ismaning
Ismaninger Speichersee
Waldkraiburg
Markt Schwaben
Poing
Unterföhring
Haag in Oberbayern
MÜNCHEN
Haar
Vaterstetten
Ebersberg
Wasserburg am Inn
Ottobrunn
Grafing bei München
Taufkirchen
Höhenkirchen-Siegertsbrunn
Bad Endorf
Feldkirchen-Westerham
Bruckmühl
Holzkirchen
Bad Aibling
Prien am Chiemsee
Seehamer See
Kolbermoor
Rosenheim
Simssee
Chiemsee
Miesbach
Raubling
Bad Feilnbach
Schliersee
Tegernsee
ÖSTERREICH
Walchsee

Endlich ...

geht es los!

44 WANDERUNGEN FÜR DICH

Nach einem langen Arbeitstag ist endlich Feierabend – also rein in die Sportklamotten und los geht's auf eine entspannte Wandertour in deiner Umgebung! Denn was könnte schöner sein, als in geselliger Runde dem Sonnenuntergang und der Aussicht auf ein kühles Getränk entgegenzuwandern?

Genau dafür haben wir dir die besten Touren in München zusammengestellt und wollen dir den Feierabend damit versüßen. Du hast die Wahl zwischen kurzen Touren in der Stadt, langen Spaziergängen im Speckgürtel oder etwas längeren Wanderungen inmitten der ländlichen Prärie. Gemütlich an der Isar entlangflanieren, ein Spaziergang durch den Englischen Garten oder den Schlosspark der Nymphenburg bestaunen – nur ein paar der Highlights, die dich in den Städten erwarten. Auch die ländlichen Gebiete übertrumpfen sich mit Naturschätzen: Erfrische dich am Karlsfelder See, genieße die Ruhe im Naturschutzgebiet Echinger Lohe oder steige auf den 1335 m hohen Gindelalmschneid.

Endlich Feierabend München entführt dich raus aus dem Alltag, rein in die Auszeit! Ob Naturerlebnis oder Stadtbummel – zum Ausspannen ist hier für jeden die passende Tour dabei. Pack deine sieben Sachen und deine Liebsten ein und dann heißt es endlich Feierabend oder wie es in München heißt: „Scheiß da nix, dann feid da nix" (was so viel heißt wie: Denk dir nichts, dann passiert dir auch nichts).

Endlich alle 7 Sachen zusammen

Deine Packliste

MATERIALCHECK

Bei den Feierabendtouren handelt es sich um recht einfache und kurze Wanderungen. Daher benötigen wir auch nicht allzu viele Dinge in unserem Rucksack. Die wichtigsten Utensilien für die kurzen Wanderungen haben wir euch hier aber noch mal zusammengestellt:

- ◯ leichter Wanderschuh
- ◯ Funktionsbekleidung
- ◯ Wasser (mind. 1,5 Liter!)
- ◯ Erste-Hilfe-Set
- ◯ Handy (für den Notruf)
- ◯ Wechselkleidung
- ◯ Proviant
- ◯ Karte

Speziell für unsere Feierabendtouren sollten folgende Dinge in unserem Gepäck nicht fehlen:

- ◯ Sonnenschutz
- ◯ Picknickdecke
- ◯ Jacke & Hose für die kühleren Abendstunden
- ◯ Feierabendlaune

Endlich gern gesehen

Verhaltenskodex

BEIM WANDERN

Das Wandern hat eine lange und vielschichtige Tradition. Schon unsere Vorfahren sind gewandert, damals jedoch aus anderen Beweggründen – beispielsweise um ein neues Territorium zu erschließen. In der heutigen Zeit erhält das Wandern ganz neue und moderne Perspektiven. Anders als bei anderen Sportarten bewegst du dich beim Wandern nicht in Sporthallen oder auf Sportplätzen, sondern in der freien Natur oder in Kulturlandschaften – und das auch als Gast. Durch nachhaltiges Denken und Respekt können wir dazu beitragen, unsere Natur und Kulturlandschaft zu schützen und sie dennoch zu genießen. Deswegen haben wir hier für dich ein paar Verhaltensregeln, die du beim Wandern beachten solltest.

01 Auf den Wegen bleiben: Nicht umsonst befinden sich oft am Wegesrand diese Hinweisschilder, die auch eingehalten werden sollten.

02 Keine Pflanzen mitnehmen: Nicht nur die Blumen sind ein Tabu, auch alle anderen Pflanzen sollten weder gepflückt noch für den heimischen Garten ausgegraben werden.

03 Müll und Essensreste wieder mitnehmen: Weder Verpackungsmüll noch vermeintlicher „natürlicher" Abfall sollte einfach liegengelassen werden. Schalen exotischer Früchte verrotten nur langsam und stellen auch keine Nahrung für unsere heimischen Wildtiere dar.

04 Hunde an die Leine: Damit sie kein Wild aufschrecken oder es sogar jagen, sollten Hunde an der Leine geführt werden. Unsere vierbeinigen Freunde freuen sich auch mit Leine über den Auslauf.

05 Ruhezonen respektieren: Mancherorts wird mit einem Schild darauf hingewiesen. Hier sollte unnötiger Lärm und lautstarke Unterhaltungen vermieden werden.

06 Absperrungen einhalten: Wege bzw. Wegabschnitte sind aus verschiedenen Gründen immer wieder einmal gesperrt. Das sollte auch respektiert werden. Am besten vorher informieren, ob die gewünschten Wege auch begangen werden können.

07 Weideflächen nicht betreten: Eine Abkürzung oder ein kurzer Abstecher zum Bach – nur dummerweise ist die Weide dazwischen. Um Weidetiere nicht zu stören und sich selbst nicht zu gefährden sollten solche Unternehmungen unterlassen werden. Eine Ausnahme ist es natürlich, wenn der Weg durch die Weide führt, trotzdem sollte hier Abstand zu den Tieren gehalten werden.

08 Respektvoller Umgang untereinander: Begegne anderen Wanderern, Forst- und Almpersonal sowie Jägern und Landwirten stets freundlich und respektvoll, schließlich bist du Gast in dieser schönen Gegend.

Grundwissen

Wandern

SICHERHEIT UND BASICS

Wandern ist ein ideales Mittel, um einfach mal auszuspannen und den Alltag hinter sich zu lassen. Nur der eigenen Bewegung folgen, sich auf seine Schritte und den eigenen Rhythmus konzentrieren. Die Natur und ihre Schönheit genießen. Trotzdem gilt es einiges zu beachten, damit durch unvorhergesehene Ereignisse der Spaß nicht auf der Strecke bleibt.

Der richtige Einstieg: Voller Enthusiasmus aber ohne jegliche Erfahrungen gleich ins Hochgebirge zu starten sind ungünstige Voraussetzungen. Wenn der Körper die Anstrengung nicht gewöhnt ist, werden lange und anstrengende Distanzen schnell zur Qual und verderben jeglichen Spaß. So ist es ratsam, sich erst einmal kleinere Ziele in der näheren Umgebung zu suchen. Zwei bis drei Stunden reine Gehzeit oder 8 bis 12 Kilometer sind dabei vollkommen ausreichend.

Wettercheck: Gerade im Gebirge ist stabiles Wetter sehr wichtig. Sich bereits zwei bis drei Tage vorher zu informieren und am Abend vor der Tour oder bei Unsicherheit sogar morgens nochmal das Wetter abzuklären, kann oft böse Überraschungen vermeiden. Am besten informierst du dich beim Deutschen Wetterdienst oder über das Bergwetter des Deutschen Alpenvereins. Bei unsicheren Verhältnissen lieber die Tour absagen und auf einen anderen Tag verschieben.

Notruf bei Unfällen: Im Falle eines Unfalls haben Ruhe bewahren und überlegtes Handeln oberste Priorität. Erst einen Überblick über die Situation verschaffen, dann wird mit der europaweit gültigen Notrufnummer 112 ein Notruf abgesetzt. Funklöcher oder kein Handy erfordern das alpine Notsignal mittels Rufen, Pfiffen oder Licht: Alle zehn Sekunden eine Minute lang ein Signal, dann eine Minute Pause, dann wieder alle zehn Sekunden eine Minute lang ein Signal geben. Zudem sollten Erste-Hilfe-Maßnahmen durchgeführt werden, falls möglich.

Grundwissen

Wandern

TOUREN-1×1 & LEXIKON

Die Klassifizierung der Touren ist als Richtwert zu verstehen. Schätze dein Können und deine Kräfte realistisch ein und richte deine Tourenauswahl danach aus.

LEICHT: Meist gut markierte, breite Wanderwege ohne Gefahrenstellen, die stellenweise auch etwas steilere, wurzelige und felsige Passagen aufweisen können. Die Routen sind für AnfängerInnen, Kinder sowie fitte, ältere Personen geeignet und setzen keine großartige Bergerfahrung voraus.

MITTEL: Anspruchsvollere Wege und Pfade mit teils unwegsamem Untergrund (steinig, wurzelig, verwachsen, rutschig), die meist gut markiert sind und phasenweise leicht ausgesetzte Abschnitte beinhalten können. Die Routen sind überwiegend länger und setzen Bergerfahrung und eine gute Grundkondition voraus.

SCHWER: Herausfordernde Touren, meist auf schmalen und steilen Steigen in alpinem Gelände. Stellenweise können kurze (durch Drahtseile versicherte) Kletter- und Kraxelpassagen vorkommen, bei denen die Hände zu Hilfe genommen werden müssen. Es ist mit längeren An- und Abstiegen zu rechnen. Langjährige Bergerfahrung, Trittsicherheit und Schwindelfreiheit sowie ausgezeichnete Kondition sind Grundvoraussetzung!

Gehzeiten: Die angeführten Zeitangaben verstehen sich als Richtwerte für die reine Gehzeit ohne Pausen und basieren auf folgenden Erfahrungswerten pro Stunde: Aufstieg 400 Höhenmeter, Abstieg 600 Höhenmeter, 4 km auf flacher Strecke.

Wandersaison: Grundsätzlich lässt es sich in den Mittelgebirgen und dem Flachland ganzjährig wandern, trotzdem solltest du mit Schnee in den höheren Lagen rechnen. Besonders bei Minustemperaturen und Nässe ist auf die Wegverhältnisse zu achten. Deswegen empfehlen wir Wanderungen ab April bis Oktober. In alpinen Lagen lässt es sich von Juni bis Oktober gut wandern, wobei jede Jahreszeit ihren ganz besonderen Reiz hat. Während man in niedereren Regionen schon im Mai schöne Touren unternehmen kann, hält sich der Schnee in höher gelegenen Gegenden oft bis in den Hochsommer hinein. Der Herbst schafft eine einmalige Wanderkulisse und oft besteht sehr gute Fernsicht. Informiere dich am besten in der Region über die aktuelle Begehbarkeit der Wege und die Öffnungszeiten der Zufahrtsstraßen und Schutzhütten.

TOUREN 01 – 44 BESCHREIBUNGEN

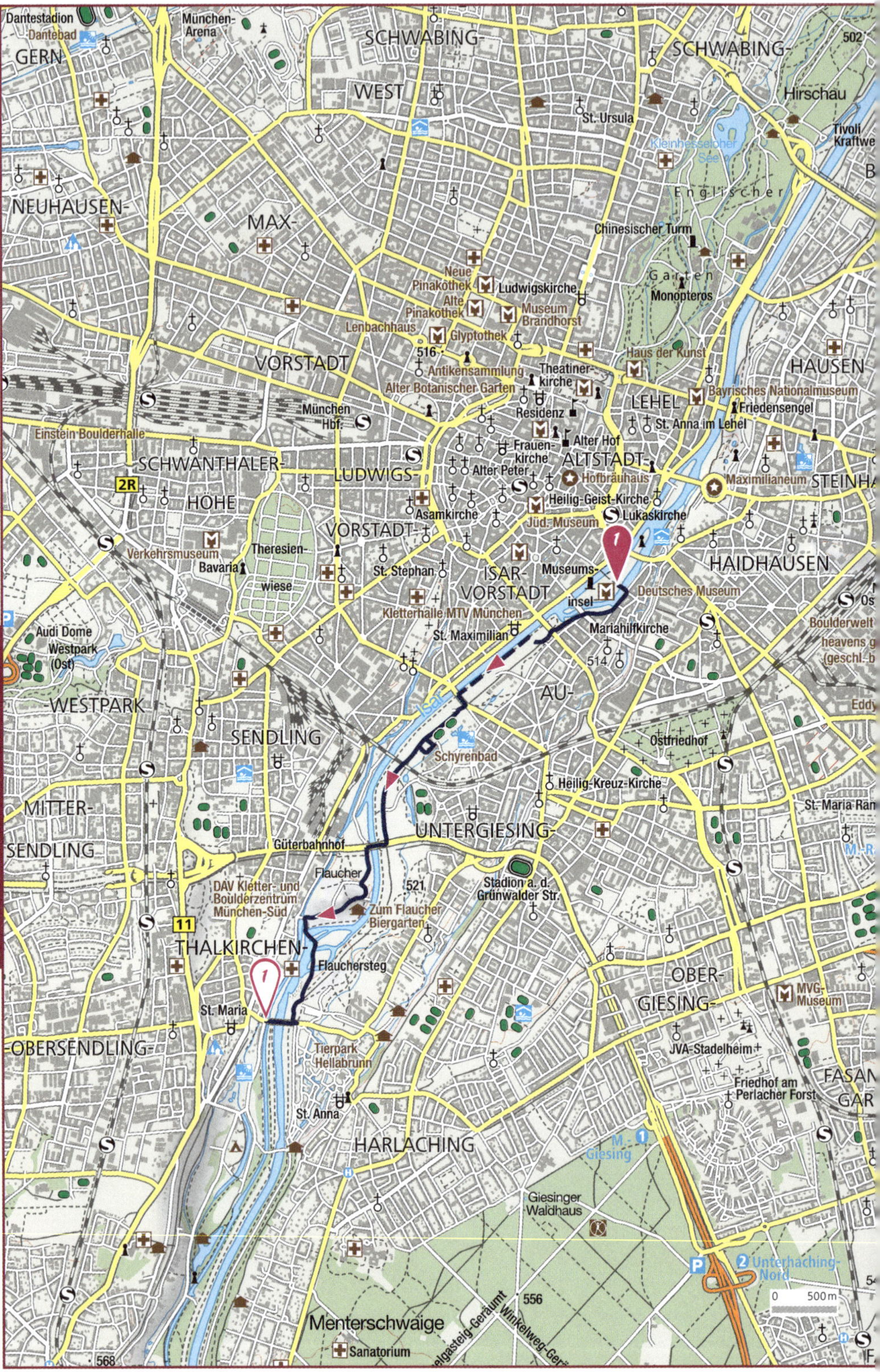

Dantestadion
Dantebad
GERN
München-Arena
SCHWABING-
WEST
SCHWABING-
Hirschau
Tivoli Kraftwe
St. Ursula
Kleinhesseloher See
Englischer Garten
NEUHAUSEN-
MAX-
VORSTADT
Chinesischer Turm
Monopteros
Neue Pinakothek
Alte Pinakothek
Ludwigskirche
Museum Brandhorst
Lenbachhaus
Glyptothek
516
Antikensammlung
Alter Botanischer Garten
Theatinerkirche
Haus der Kunst
HAUSEN
LEHEL
Bayrisches Nationalmuseum
Friedensengel
Residenz
München Hbf.
Einstein Boulderhalle
Frauenkirche
Alter Hof
St. Anna im Lehel
SCHWANTHALER-
HÖHE
LUDWIGS-
VORSTADT-
Alter Peter
ALTSTADT-
Hofbräuhaus
Maximilianeum
STEINHA
2R
Asamkirche
Heilig-Geist-Kirche
Jüd. Museum
Lukaskirche
Verkehrsmuseum
Bavaria
Theresienwiese
St. Stephan
ISAR-
VORSTADT
Museumsinsel
Deutsches Museum
HAIDHAUSEN
Kletterhalle MTV München
St. Maximilian
Mariahilfkirche
514
Boulderwelt
heavens g (geschl.-b
Audi Dome
Westpark (Ost)
WESTPARK
Isar
AU-
Eddy
SENDLING
Schyrenbad
Ostfriedhof
Heilig-Kreuz-Kirche
MITTER-
SENDLING
UNTERGIESING-
St. Maria Ram
Güterbahnhof
Flaucher
Stadion a. d. Grünwalder Str.
DAV Kletter- und Boulderzentrum München-Süd
521
Zum Flaucher Biergarten
11
THALKIRCHEN-
Flauchersteg
OBER-
GIESING-
MVG-Museum
St. Maria
OBERSENDLING-
Tierpark Hellabrunn
JVA-Stadelheim
Friedhof am Perlacher Forst
FASAN GAR
St. Anna
HARLACHING
M.-Giesing
Giesinger Waldhaus
Unterhaching-Nord
556
Menterschwaige
Sanatorium
Winkelweg-Geräumt
568
0 500 m

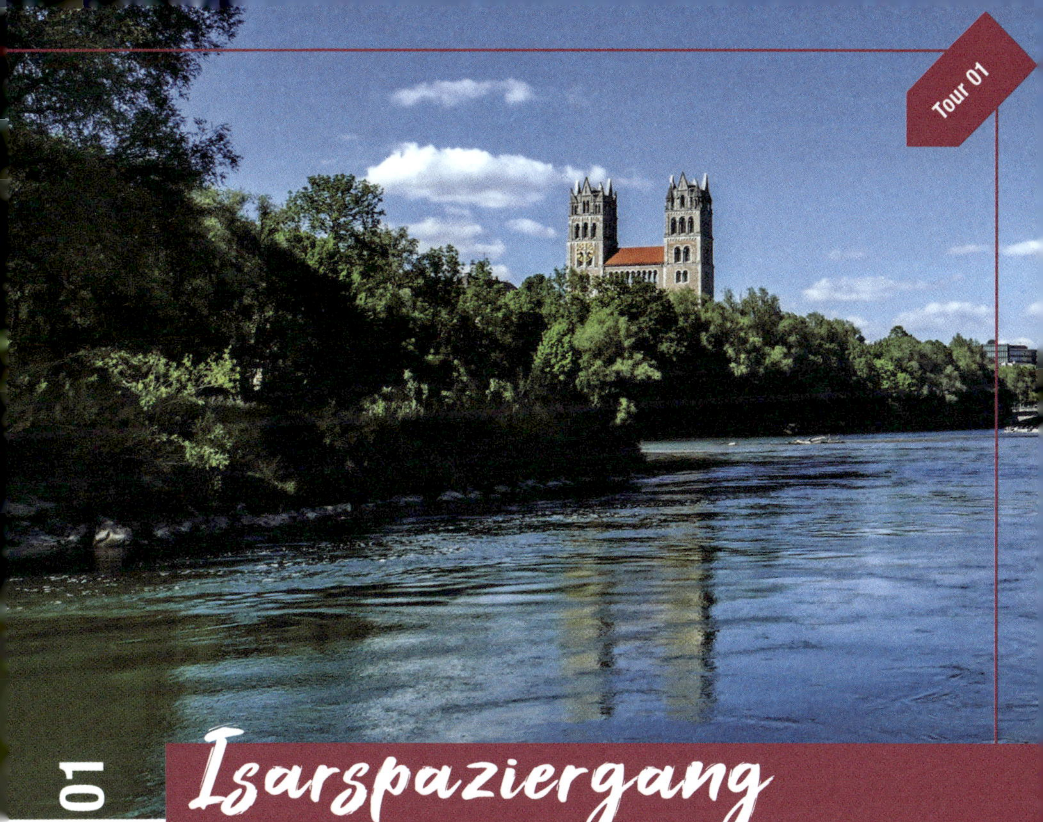

Isarspaziergang

„Isarflanieren“ auf dem Planetenweg vom Zentrum zum Tierpark Hellabrunn

DAUER	1h 30min
LÄNGE	5,7 km
AUFSTIEG	0 hm
SCHWIERIGKEIT	LEICHT
MIT ÖFFIS ERREICHBAR	ja

Das erwartet dich ...

Die Isar ist Münchens Lebensader, ein Ort für alle, die gerne unter Menschen sind und es lieben, den Puls der Großstadt zu spüren. Außerdem ist die renaturierte Isar eine wunderbare Illusion, dass mitten durch die Stadt ein echter Wildfluss fließt. Man spaziert vom Innenhof des Deutschen Museums auf dem Planetenweg flussaufwärts bis zum Tierpark. Macht eine oder mehrere Pausen am Isarufer, im Rosengarten oder im Biergarten am Flaucher. Zurück geht es mit den öffentlichen Verkehrsmitteln.

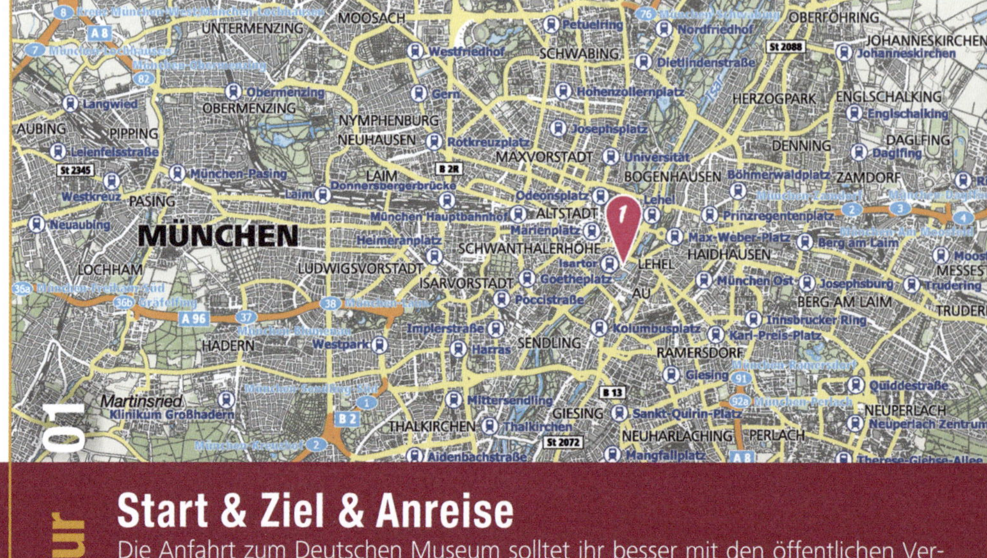

Flusstour 01

Start & Ziel & Anreise

Die Anfahrt zum Deutschen Museum solltet ihr besser mit den öffentlichen Verkehrsmitteln einplanen, da die Parkplätze im Zentrum rar sind. Außerdem könnt ihr die Tour jederzeit unterbrechen. Mit der S-Bahn bis zum Bahnhof Isartor fahren und der Zweibrückenstraße nach Osten über die Brücke folgen. Auf der Museumsinsel dem Uferweg nach Süden bis zum Museums-Haupteingang gehen.

Tourenbeschreibung

Startpunkt für unsere Nachmittagstour ist die goldene Sonnenkugel vor dem Haupteingang des Deutschen Museums. Von hier zum östlichen Tor hinausspaziert und dem Uferweg nach Süden gefolgt. Vorbei an den Infotafeln zum Merkur, der Venus, der Erde und dem Mars.

Hinter der Corneliusbrücke erscheint erstmals das neue alte Ufer der Isar. Von 2000 bis 2011 wurde der Fluss von seinem engen Korsett befreit und die Böschung abgeflacht. Mehr Spaß als auf dem Damm macht es daher am Ufer zu gehen, obwohl das „einige Millionen Kilometer" Umweg bedeutet. Zumindest wenn man den Maßstab des Planetenwegs anlegt. Außerdem ist es hier am Nachmittag weniger schattig.

Weiter geht's vorbei an der Wittelsbacher Brücke. Das Tor zum Städtischen Rosengarten befindet sich am Dammweg 400 Meter weiter südlich und ungefähr auf Höhe des Uranus. Ein Abstecher vor Unterquerung der Braunauer Eisenbahnbrücke (s. Autorentipp) wird absolut empfohlen!

Die Brudermühlbrücke ist vom Deutschen Museum nach drei Kilometern erreicht. Zeit, die Isarseite zu wechseln, für einen Abstecher zum Flaucher-Biergarten. Den Fluss mit schnellem Schritt neben der meist stark befahrenen Straße gekreuzt. Danach gleich links in die Flaucher Grünanlage einbiegen. Auf die beliebte Einkehrmöglichkeit muss man nicht lange warten. Ein Radler, eine Riesenbrezn und einen Obazdn, parallel zum Neptun, gehen hier eigentlich immer.

Südlich der Grünanlage und vor der Brücke des Großen Stadtparks links zum Flauchersteg abbiegen, um erneut die Isar zu queren. Die Brücke verbindet die Flaucherinseln mit dem anderen Ufer. In warmen Sommernächten ist die Luft rauchgeschwängert.

Auf der östlichen Uferseite angekommen sind es nur noch 300 Meter um Pluto, den kältesten Planeten in unserem Sonnensystem, zu erreichen. Er befindet sich nur wenige Meter neben dem Eingang zum Tierpark Hellabrunn/Thalkirchen. Entspannt kann man in Plutos Nähe „frierend" ins Streichelgehege blicken. Die U-Bahnhaltestelle Thalkirchen befindet sich westlich der „Tierparkbrücke".

Im herrlichen städtischen Rosengarten an der Sachsenstraße 2 geht es stiller zu. Er ist Treffpunkt und Anlaufpunkt für alle, die Freude an Farben und Gerüchen haben.
Es gibt einen Duft-, Flieder-, Tast- und Giftpflanzengarten und geruhsame Bänke im Schatten alter Bäume. Der Eintritt ist kostenlos.

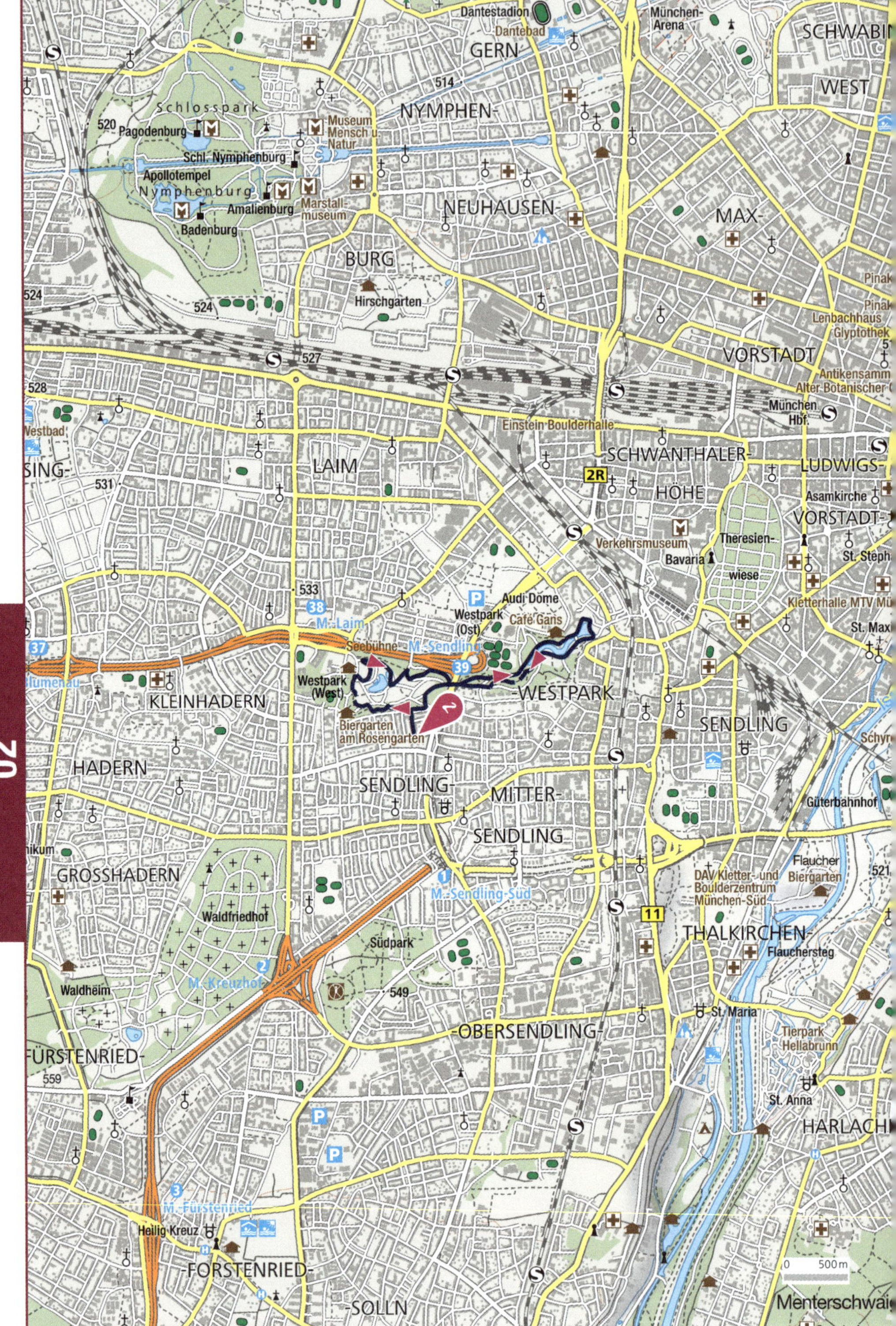

Dantestadion
Dantebad
GERN
München-Arena
SCHWABING
WEST
514
NYMPHEN-
Schlosspark
520
Pagodenburg
Museum Mensch u. Natur
Schl. Nymphenburg
Apollotempel
Nymphenburg
Amalienburg
Marstallmuseum
Badenburg
NEUHAUSEN-
MAX-
BURG
Hirschgarten
524
527
528
VORSTADT
Pinak
Lenbachhaus
Glyptothek
Antikensamm
Alter Botanischer G
München Hbf.
Einstein Boulderhalle
Westbad
SING-
LAIM
531
SCHWANTHALER-
HÖHE
2R
LUDWIGS-
Asamkirche
VORSTADT-
Verkehrsmuseum
Theresien-
wiese
Bavaria
St. Steph
Kletterhalle MTV Mü
St. Max
533
38
M.-Laim
Audi Dome
Westpark (Ost)
Café Gans
Seebühne
M.-Sendling
39
37
Blumenau
Westpark (West)
KLEINHADERN
WESTPARK
Biergarten am Rosengarten
SENDLING
Schyr
HADERN
SENDLING-
MITTER-
SENDLING
Güterbahnhof
GROSSHADERN
M.-Sendling-Süd
DAV Kletter- und Boulderzentrum München-Süd
Flaucher Biergarten
521
Waldfriedhof
11
Südpark
THALKIRCHEN-
Flauchersteg
Waldheim
M.-Kreuzhof
549
St. Maria
FÜRSTENRIED-
OBERSENDLING-
Tierpark Hellabrunn
559
St. Anna
HARLACH
M.-Fürstenried
Heilig Kreuz
FORSTENRIED-
SOLLN
0
500 m
Menterschwaig
Sanatorium

Parktour 02

Westparkrunde

Im Westpark mit gutem Gewissen um die Welt „reisen“

DAUER	1h 30min
LÄNGE	6,2 km
AUFSTIEG	0 hm
SCHWIERIGKEIT	LEICHT
MIT ÖFFIS ERREICHBAR	ja

Hurra EST. 2016 draussen!

Das erwartet dich ...

Mit der internationalen Gartenausstellung (IGA) 1983 erhielten die Münchner in Sendling eine ihrer beliebtesten Grünanlagen. Nachvollziehbar, denn die Parkgestaltung ist enorm abwechslungsreich – grün, mit Seen, Aussichtshügeln, Tälern und Liegewiesen. Highlights sind vor allem die asiatischen Ensembles, die einen München vergessen lassen. Ein ausgedehnter Spaziergang ist daher wie ein kleiner Urlaub.

Parktour 02

Start & Ziel & Anreise

Der Westpark ist hervorragend öffentlich erschlossen. Unsere Tour startet an der U-Bahnhaltestelle Westpark. Vom Ausgang am Kaiser Weg 250 Meter geradeaus bis zum nahe gelegenen Parkeingang im Norden gehen. Anfahrt mit dem Auto: Parkplatz an der Westendstraße 300 im Osten des Parks. Der Spaziergang startet dann am Rosengarten.

Tourenbeschreibung

In einem Linksbogen führt der Weg am Parkeingang an der Reulandstraße zunächst zum Rosengarten und dem gleichnamigen Biergarten, wo sich ganz klassisch unter Kastanienbäumen ein Feierabendbier genießen lässt. Nicht versäumen sollte man im Anschluss den nahen Kegelberg im Nordwesten zu besteigen und von hier einen weiten Orientierungsblick über den Park zu werfen.

Zu den asiatischen Gärten geht es im Uhrzeigersinn um den Westsee und die Seebühne herum. Herrlich der fotogene thailändische Tempel mit Buddha-Statue mitten im Wasser. Unübersehbar und nur einen Steinwurf weiter im Osten steht die zweistöckige nepalesische Pagode. Der chinesische Garten, „Garten von Duft und Pracht" befindet sich nur wenige „Essstäbchen" weiter. Im japanischen Garten nebenan befindet sich ein kleiner See mit Steg, der zum Meditieren einlädt.

Der historische Garten 90 Meter nordwestlich ist symmetrisch wie ein Barockgarten angelegt. Perspektivenwechsel 120 Meter weiter am „Bayerwaldhaus". Das historische Bauernhaus mit Garten, Holzzaun und Backofen wirkt, als wenn es hier schon immer gestanden hätte.

Von hier läuft der Weg spitz auf die Brücke über den Mittleren Ring im Osten zu. Das Tor ist eine optische Täuschung, wie auch der Übergang selbst. Ein erster Blick in den Ostteil des Parks erweckt den Eindruck eines sanften Tals. 500 Meter geradeaus beginnt der lang gestreckte Mollsee, wo Felsen pittoresk am Ufer liegen, Bäume im Wasser stehen und Mangroven-Feeling light versprühen. Besonders stimmungsvoll ist es am Café Gans am Wasser in der Nachmittagssonne. Der kreative Charme dieses Ortes mit seinem Zelt, den Liegestühlen und anderen improvisierten Sitzmöglichkeiten hat etwas von einem romantischen Feriencamp.

Nach der Seeumrundung ist südwestlich vom Café Gans ein kleiner Aussichtshügel, von dem man einen schönen Blick auf den See und das Café hat. Der Weg in den westlichen Parkbereich führt am Sardenhaus vorbei zurück zur Fußgängerbrücke und an der südlichen Parkseite zum Ausgangspunkt.

Autoren Tipp

Im Westpark kann man sich treiben lassen. Es gibt viele Möglichkeiten den Park zu betreten und genug Wege, durch die Oase zu mäandern. Darum ist die Tourenempfehlung als Orientierung gedacht, die zu einigen schönen Plätzen führt. Viele Attraktionen, wie zum Beispiel die fernöstlichen Gärten, befinden sich im Westen, weswegen es sich lohnt, den Besuch hier zu starten, falls ihr kurzfristig beschließt, die Runde kürzer zu halten.

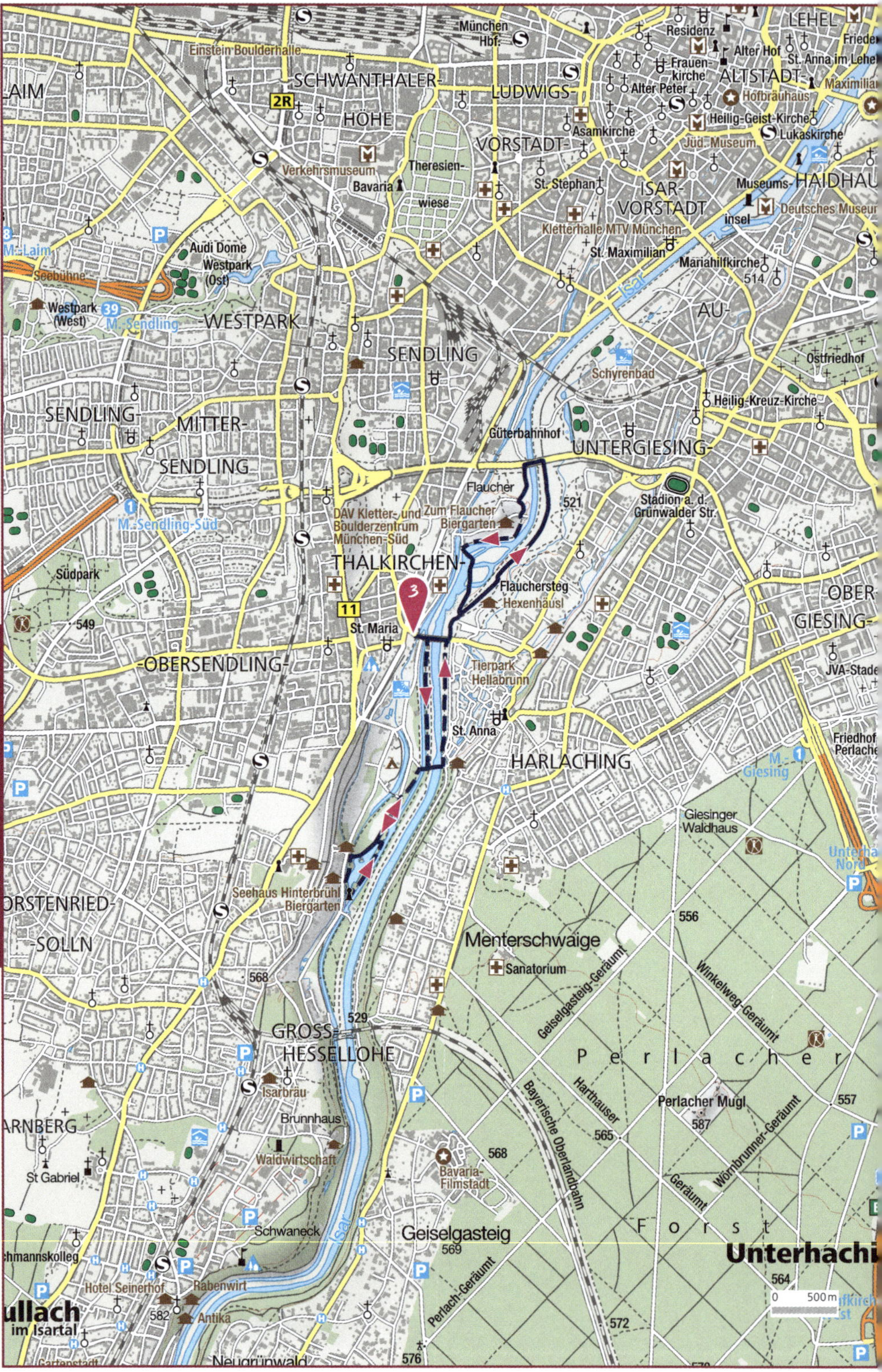

München Hbf.
LEHEL
Residenz
Alter Hof
St. Anna im Lehel
Einstein Boulderhalle
SCHWANTHALER-HÖHE
LUDWIGS-VORSTADT
Frauenkirche
ALTSTADT
Maximilian
Alter Peter
Hofbräuhaus
Asamkirche
Heilig-Geist-Kirche
Jüd. Museum
Lukaskirche
LAIM
2R
Verkehrsmuseum
Theresienwiese
Bavaria
St. Stephan
ISARVORSTADT
Museumsinsel
HAIDHAUSEN
Deutsches Museum
Kletterhalle MTV München
St. Maximilian
Mariahilfkirche
514
M.-Laim
Seebühne
Audi Dome
Westpark (Ost)
Westpark (West)
39
M.-Sendling
WESTPARK
SENDLING
AU
Isar
Schyrenbad
Ostfriedhof
Heilig-Kreuz-Kirche
SENDLING-MITTERSENDLING
Güterbahnhof
UNTERGIESING
Flaucher
521
Stadion a. d. Grünwalder Str.
M.-Sendling-Süd
DAV Kletter- und Boulderzentrum München-Süd
Zum Flaucher Biergarten
THALKIRCHEN
Südpark
Flauchersteg
Hexenhäusl
OBERGIESING
549
11
St. Maria
3
OBERSENDLING
Tierpark Hellabrunn
JVA-Stadelheim
St. Anna
HARLACHING
Friedhof Perlach
M.-Giesing
Giesinger Waldhaus
Unterhaching Nord
Seehaus Hinterbrühl Biergarten
FORSTENRIED-SOLLN
556
Menterschwaige
Sanatorium
Geiselgasteig-Geräumt
Winkelweg-Geräumt
568
529
GROSSHESSELOHE
Perlacher Forst
Bayerische Oberlandbahn
Harthauser Geräumt
565
Isarbräu
Perlacher Mugl
587
557
Brunnhaus
Wörnbrunner-Geräumt
FÜRSTENRIED
St Gabriel
Waldwirtschaft
Bavaria-Filmstadt
Schwaneck
Geiselgasteig
569
Unterhaching
564
Hotel Seinerhof
Rabenwirt
Antika
582
Pullach im Isartal
Perlach-Geräumt
572
576
Neugrünwald
0 500 m

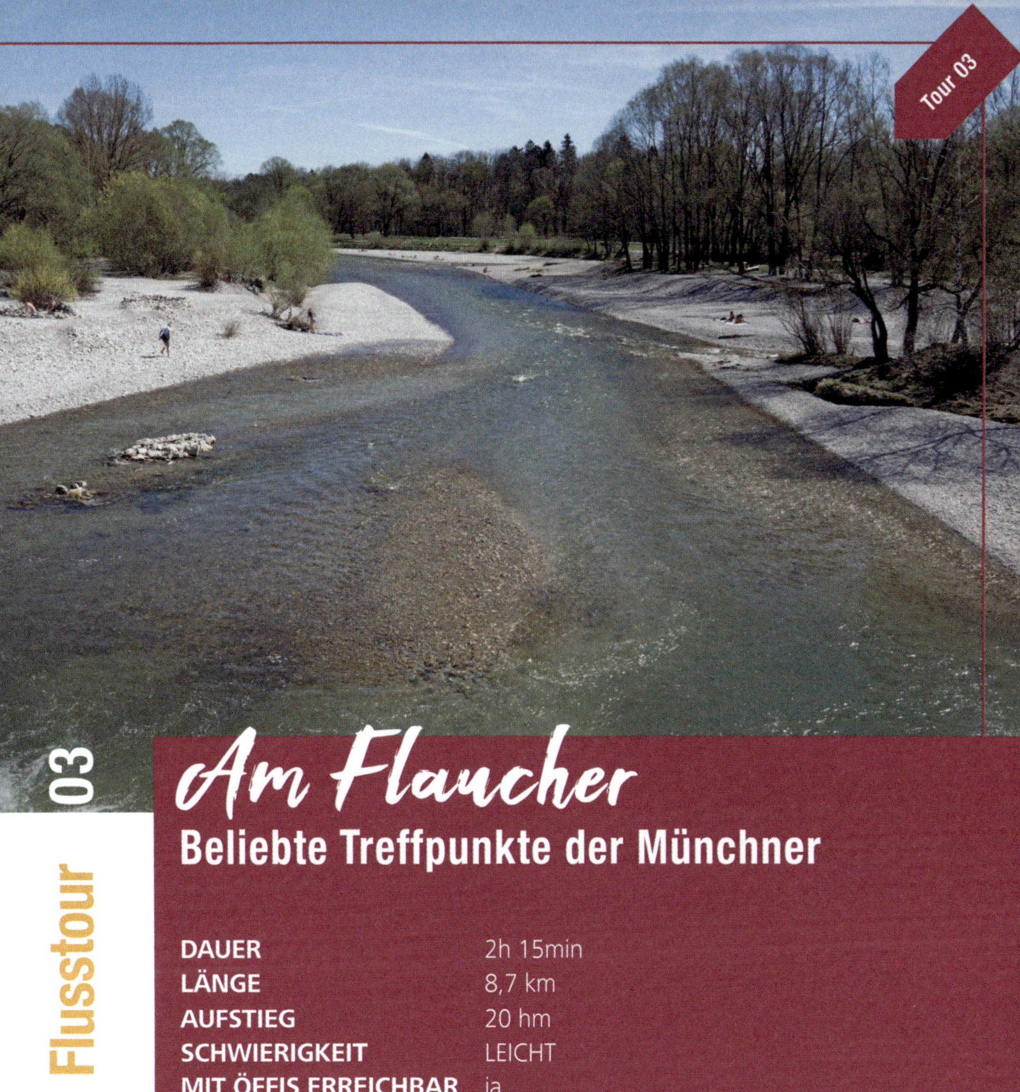

03 Flusstour

Am Flaucher

Beliebte Treffpunkte der Münchner

DAUER	2h 15min
LÄNGE	8,7 km
AUFSTIEG	20 hm
SCHWIERIGKEIT	LEICHT
MIT ÖFFIS ERREICHBAR	ja

Das erwartet dich ...

Der Flaucher, Isarinsel mit urwüchsigen Auenwald, Biergarten und lebhaften Badestrand liegt nördlich des Tierparks Hellabrunn. Isaraufwärts an der Floßlände legen die Isarflöße aus Wolfratshausen an. Ein feuchtfröhliches Event. Weiter südlich in den Isarauen liegt der kleine Hinterbrühler See mit dem Seehaus Hinterbrühl zum Einkehren und tollem Spielplatz.

Flusstour 03

Start & Ziel & Anreise

Ausgangspunkt der Tour ist die U-Bahnstation Thalkirchen. Mit dem Auto auf dem südlichen Mittleren Ring bis zur Kreuzung mit der Schäftlarnstraße. Dort Richtung Thalkirchen und Zoo abbiegen zum U-Bahnhof Thalkirchen. Mit der U-Bahn Linie 3, Bahnhof Thalkirchen-Tierpark München, Ausgang Zoo, Thalkirchner Platz, oder mit dem Bus Linie 135, Haltestelle Thalkirchen-Tierpark.

Tourenbeschreibung

Wir beginnen die Wanderung bei der U-Bahnhof Thalkirchen und gehen gleich einmal bis zur Thalkirchner Brücke. Sie führt über die Isar hinüber zum Tierpark. Unser Weg biegt aber gleich hinter dem Isarwerkkanal links ab hinunter auf den Dammweg. Er bringt uns geradewegs zur Marienklausenbrücke. Dort halten wir uns rechts zur Floßlände, wo während der Sommermonate die Flöße mit Heidenspektakel anlanden. Bereits davor, am Bertschbrunnen, geht es nun links entlang dem Kanal zum Isarkraftwerk. Es ist das älteste noch betriebene Kraftwerk Münchens. Geradeaus gelangen wir an den Hinterbrühler See. Am Ufer entlang erreichen wir das Seehaus mit schönem Biergarten und Bootsverleih. An der Landspitze, zwischen See und Isarkanal, steht das Denkmal des Isarflößers. Er hat früher den Flößern den Weg durch den Ländkanal nach München gewiesen.

Am Ufer des Isarkanals entlang kommen wir wieder an die Marienklausenbrücke. Wir gehen hinüber und geradeaus weiter über den Steg zur Marienklause. Die Kapelle liegt rechts etwas versteckt im Wald. Ein Ort der Ruhe und Besinnung. Wer von der Kapelle zurückkommt, hält sich an der Isar rechts. Nun folgen wir der mit großem Erfolg renaturierten Isar zur Thalkirchner Brücke. Am Eingang zum Tierpark halten wir uns links, unterqueren die Brücke und kommen an den Flauchersteg. Dort steht das „Hexenhäusl", ein Kiosk mit Getränken und Snacks. Hier halten wir uns rechts, linker Hand die Flaucherinseln. Der Fußweg führt uns zur Brudermühlbrücke, über die der dichte Verkehr auf dem Mittleren Ring rollt. Ein paar Meter zur Brücke hinauf, dann links über die Isar und gleich wieder links hinunter auf die Flaucherinsel.

Der Weg zum schönen traditionellen Biergarten „Zum Flaucher" ist kurz. An ihm vorbei geht es an den Isarwerkkanal. Dort angekommen biegen wir vor der Schinderbrücke links ab zum E-Werk. Ab hier gehen wir auf der langen Holzbrücke, dem Flauchersteg, mit herrlicher Aussicht über die Flaucherinseln und gelangen wieder an das „Hexenhäusl". Hier stoßen wir auf den Hinweg und gehen zur Thalkirchner Brücke. Auf ihr queren wir nochmals die Isar und kommen an unseren Ausgangspunkt zurück.

Autoren Tipp

Im Landschaftsschutzgebiet der Isarauen liegt der 1911 gegründete Tierpark Hellabrunn. Er ist der erste Geozoo der Welt und zeigt nach Kontinenten geordnet über 750 Tierarten. Ein Spaziergang durch Hellabrunn ähnelt einer Reise durch spannende Tierwelten. Grandios sind das Orang-Utan-Paradies, die Giraffensavanne, die Menschenaffenanlage, das Elefantenhaus und die Polarwelt. Das neue Hellabrunner Mühlendorf ist das Herzstück der Geozone Europa. Imposant ist die riesige Vogelvoliere. Ein dünnmaschiges Edelstahlgewebe überspannt eine Fläche von 5.000 m².

Menterschwaige
Sanatorium
556
Geiselgasteig-Geräumt
Winkelweg-Geräumt
568
529
GROSS-
HESSELLOHE
Perlacher
Isarbräu
Brunnhaus
Harthauser
Bayerische Oberlandbahn
Perlacher Mugl
587
557
565
Waldwirtschaft
Bavaria-
Filmstadt
568
Wörnbrunner-Geräumt
Geräumt
995
St Gabriel
E45
Berchmannskolleg
Schwaneck
Isar
Geiselgasteig
569
Forst
Unterhach
564
Hotel Seinerhof
Rabenwirt
Perlach-Geräumt
3
Taufkirchen-
West
Pullach
im Isartal
582
Antika
572
Gartenstadt
576
Ötz-Geräumt
570
Neugrünwald
Am
Wald
Grünwalder Freizeitpark
582
Grünwald
547
Burg Grünwald
Nußbaum Ranch
596
Brückenwirt
576
Taufkirc
Grün-
Taufkirchner Weg
Tannenhof
Wörnbrunn
Sportschule Oberhaching
Eierwiese
Forsthaus
Wörnbrunn
591
Kugler Alm
594
Marieneiche
Furth
597
588
604
waldeR
589
Brunnhaus
(verf.)
601
Kletterwald
München
Oberhach
Link-Geräumt
Wildfütterung
Sauschütt
Ludwig-Geräumt
Zyllinhard-Geräumt
Hompesch-Geräumt
606
614
Forst
601
599
596
Maximilian-Geräumt
Deise
Laufzorn
Kelt
Oberdill
Landgasthof
Entenalm
ehem. Jagdschloss
Gorihaus
Römerstraße
Keltenschanze
620
Alpenblick
Kelten-
schanze
585
Frundsbergerhöhe
Schönberg
Seybold-Geräumt
Bayerische O
Straßlach
634
Pullacher Holz
610
645
Gestüt
Straßlach
Schilcher-Geräu
0 500 m
Ziegelstadel
Keltenschanze
606
Reitbahn
638
Herrneiche
637
Kreuzpullach
628
Nacht-Geräumt

Genusstour 04

Grünwald – Oberhaching

Dolce Vita im Forsthaus Wörnbrunn und der Kugler Alm

DAUER	2h 45min
LÄNGE	11,2 km
AUFSTIEG	40 hm
SCHWIERIGKEIT	LEICHT
MIT ÖFFIS ERREICHBAR	ja

Das erwartet dich ...

Einst feierten im Forsthaus Wörnbrunn in Grünwald die Promis wilde Partys. Das heutige Traditionsgasthaus Forsthaus Wörnbrunn liegt idyllisch mitten im Wald und deshalb ist es eigentlich nicht stilecht, mit dem Auto vorzufahren. Am besten kommt man zu Fuß. Echte Wanderer gehen gleich weiter durch den Grünwalder Forst zur Kugler Alm, wo es deutlich legerer zugeht.

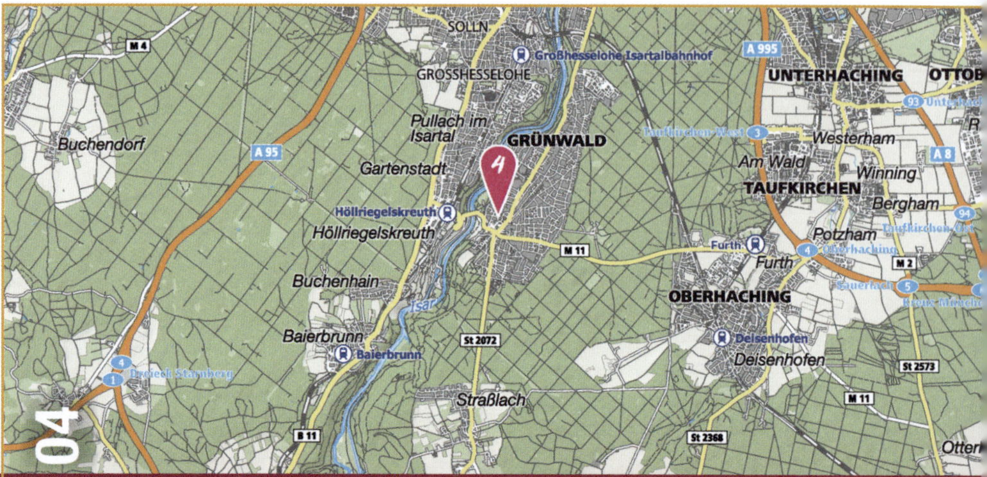

Start & Ziel & Anreise

Ausgangspunkt der Tour ist der Derbolfinger Platz in Grünwald. Mit der Tram-Linie 25 von München nach Grünwald zum Derbolfinger Platz. Mit dem Auto von München-Sendling auf der B 11 nach Höllriegelskreuth, dann über die Isar nach Grünwald zur Tram-Endhaltestelle Derbolfinger Platz. Parkplätze an der Schloßstraße.

Tourenbeschreibung

Von der Tram-Endhaltestelle Derbolfinger Platz gehen wir durch die Schloßstraße zur Südlichen Münchner Straße. Gegenüber führt uns der Franz-Rieger-Weg zur Wörnbrunner Straße. Der Grünwalder Forst ist nicht mehr weit. Der Wald ruft schon. Eine schmale Straße führt direkt zum Forsthaus Wörnbrunn.

Vor dem Gasthaus gibt es ein Gehege mit Rehen, die das ganze Jahr über draußen sind. Im Forsthaus Wörnbrunn wird die traditionelle Küche neu interpretiert, „furios, modern“, wie es geschrieben steht. Schon mal einkehren? Weiter geht es nach dem Parkplatz rechts und nach 50 m links in den Taufkirchner Weg hinein. Der Forstweg führt anfangs über eine weite Lichtung und dann in den Wald. Wir halten uns immer geradeaus, kreuzen das Kelten-Geräumt und bald das Ludwig-Geräumt. Von dort erreichen wir nach gut 300 m das Schilcher-Geräumt und biegen rechts ein. Auf dem schmalen Pfad stoßen wir auf einen Forstweg. Hier halten wir uns rechts zur Straße und queren diese vorsichtig. Nun geht es links auf dem Weg an der Straße entlang zur Kugler Alm. Der große Biergarten der Alm ist Treffpunkt von Radlern und Skatern, ein beliebtes Ausflugsziel vor den Toren Münchens.

Wir wandern weiter, unter der Straßen- und Bahnbrücke hindurch und um den Parkplatz herum. Ein schmaler Weg, der „Further Weg", führt von der Parkplatzzufahrt links zum Gelände der Sportschule Oberhaching. An der Kreuzung mit dem Sträßchen „Im Loh" biegen wir links ein und befinden uns bald wieder im Wald, im südlichen Perlacher Forst. Wir bleiben auf dem Weg und gelangen an die S-Bahnlinie. Hier führt unser Weg nach rechts bis zum Oberbiberger Strassl. Wir gehen nach links durch die Bahnunterführung zum Kiosk „Nußbaum Ranch", an der „Radrennstrecke" durch den Perlacher Forst gelegen. Auf der Linienstraße wandern wir Richtung Oberhaching bis zum Taufkirchner Weg (Parkplatz) und biegen rechts ein. Er führt uns zurück zum Forsthaus Wörnbrunn. Nun geht es auf der Wörnbrunner Straße nach Grünwald zum Ausgangspunkt unserer Wanderung.

Durch den Grünwalder Forst

Link-Geräumt
Sauschütt
Hubertus
Unterdill
Zyllnhard-Geräumt
E533
95
Geräumt
WARNBERG
St Gabriel
Berchmannskolleg
GROSS-HESSELLOHE
529
Bayerische
Isarbräu
Brunnhaus
Waldwirtschaft
Bavaria Film
Schwaneck
Isar
Geiselgasteig
569
Rabenwirt
Hotel Seinerhof
582
Antika
Perlacher
583
Theresien-
Preysing-Geräumt
Karolinen-Geräumt
Wasserleitungs-Geräumt
Pullach
im Isartal
Gartenstadt
Neugrünwald
Grünwalder Freizeitpark
576
582
Höllriegelskreuth
Diensthütte
Wildfütterung
Wildbeobachtung
Hirschwiese
Burg Grünwald
Grünwald
547
Grünwalder Forst
596
Brückenwirt
Forsthaus Wörnbrunn
605
Tannenhof
Eierwiese
Römerstraße
605
11
Marieneiche
Buchenhain
Buchenhain
604
597
601
Brunnhaus (verf.)
Kletterwald München
Augusten-Geräumt
Link-Geräumt
Ludwig-Geräumt
Zyllnhard-Geräumt
Wildfütterung Sauschütt
606
Baierbrunn
638
616
Georgenstein
624
544
614
601
Post
Römerstraße
Maximilian-Geräumt
640
Oberdill
Landgasthof Entenalm
627
Alpenblick
620
ehem.
Frundsbergerhöhe
Schönberg
638
Horn
Straßlach
634
Isarwerkkanal
Pullacher Holz
Mühlthal
645
Gestüt Straßlach
11
Zur Mühle
572
Ziegelei
Wasserkraftwerk Mühlthal
Reitbahn
Isar
Epolding
579
Hailafing
640
656
0
500 m
667
649
Straßlach-Dingharting
05

Tour 05

Genusstour 05

Entlang der Isar

Auf den Spuren der Römer

DAUER	2h 10min
LÄNGE	8 km
AUFSTIEG	66 hm
SCHWIERIGKEIT	MITTEL
MIT ÖFFIS ERREICHBAR	ja

Das erwartet dich ...

Ein kleines aber interessantes Museum in der Grünwalder Burg am Isarhochufer. Im ehemaligen Jagdschloss der Wittelsbacher gibt es die Dauerausstellung Burgen in Bayern. Hat man nach dem Abstieg zur Isar das Flussbett erreicht, geht es vorbei am Isarwehr Baierbrunn zum Georgenstein, ein Fels mit der Figur des heiligen Georg. Der Rückweg führt hinauf zum Isarhochufer und zur Römerschanze. Zurück in Grünwald, lässt es sich gut Einkehren.

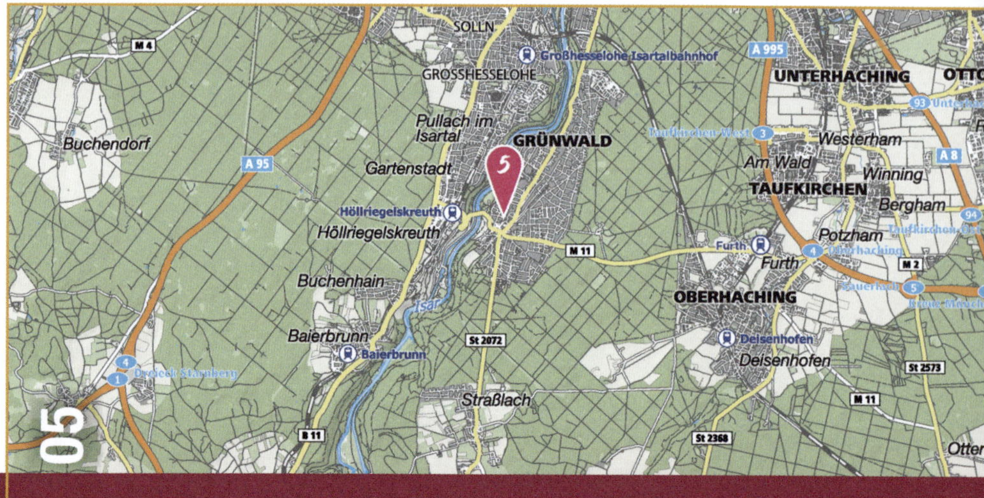

Genusstour 05

Start & Ziel & Anreise

Ausgangspunkt der Tour ist der Derbolfinger Platz in Grünwald. Mit der Tram-Linie 25 von München nach Grünwald zum Derbolfinger Platz. Mit dem Auto von München-Sendling auf der B 11 nach Höllriegelskreuth, dann über die Isar nach Grünwald zur Tram-Endhaltestelle Derbolfinger Platz. Parkplätze an der Schloßstraße.

Tourenbeschreibung

Vom Derbolfinger Platz in Grünwald gehen wir auf der Schloßstraße zur Burg Grünwald mit ihrem prachtvollen Burgtor. An der Burg folgen wir der Zeillerstraße rechts, bis dann links der Flößersteig abzweigt. Steil geht es die Schloßleite hinab zum Parkplatz an der Grünwalder Brücke. Am Kiosk vor der Brücke halten wir uns rechts hinab zur Isar und folgen dem Weg links unter der Brücke hindurch.

Nun im schönen Auwald der Isar entlang, an ein paar Kiesbänken vorbei, wo man im Hochsommer sonnen oder baden kann. Am Isarwehr Baierbrunn zweigt der Isarwerkkanal ab. Vor uns liegt eine wunderschöne Fischtreppe, an der die Fische unbeschadet das Wehr passieren können. Weiter flussaufwärts hinter der Flussschleife erhebt sich der Georgenstein aus den Isarfluten. Ein Damm aus Felsblöcken und Treibholz führt hinüber. Der Fels war zur Zeit der Flößerei ein gefürchtetes Hindernis. Oben auf dem Fels steht die Figur des heiligen Georg, Schutzpatron der Reiter und Bauern.

Eine Forststraße, die ehemalige Römerstraße Via Julia, führt uns jetzt zum Isarhochufer steil bergauf. Gleich hinter dem Holzablegeplatz nach links auf den Pfad, dann nach rechts und wir kommen auf dem schmalen steilen Weg an den Rast- und Aussichtsplatz Isartalblick nahe der Römerschanze. Noch ein kurzes Wegstück trennt uns von der römischen Wachtstation auf der Bergnase zum Isartal. Ab der ehemaligen Befestigungsanlage mit Wällen und Gräben führt uns der markierte Wanderweg, der Georg-Pröbst-Weg, zum Spielplatz an der Eierwiese in Grünwald.

Wir kommen an der Nepomukkapelle vorbei zum Marktplatz, dem Zentrum von Grünwald. Grünwald ist Münchens Nobelvorort. Was diesem Platz nur sehr bedingt anzusehen ist. In erster Linie eine verkehrsreiche Straßenkreuzung. Im Zentrum ein Kriegerdenkmal aus dem 19. Jahrhundert mit alten Bäumen. Wir queren die Straße zum Denkmal hin und gehen dann die Rathausstraße nach links bis zum Luitpoldweg. Rechts durch die Fußgängerzone gelangen wir wieder zum Derbolfinger Platz, unserem Ausgangspunkt.

Autoren Tipp

Sehenswert ist die Römerschanze bei Grünwald: Hoch über dem Georgenstein an der Isarschleife erbauten die Römer gegen Ende des 3. Jahrhunderts eine befestigte Siedlung und Wachtstation an der Handelsstraße der Via Julia zwischen Salzburg und Augsburg. Im Jahr 1979 entdeckte man eine Goldmünze mit einem Bild des römischen Kaisers Magnentius (350 bis 353). Am Ende des frühen Mittelalters wurde über der Römersiedlung eine Holzburg errichtet, von der aus der Flussübergang überwacht wurde.

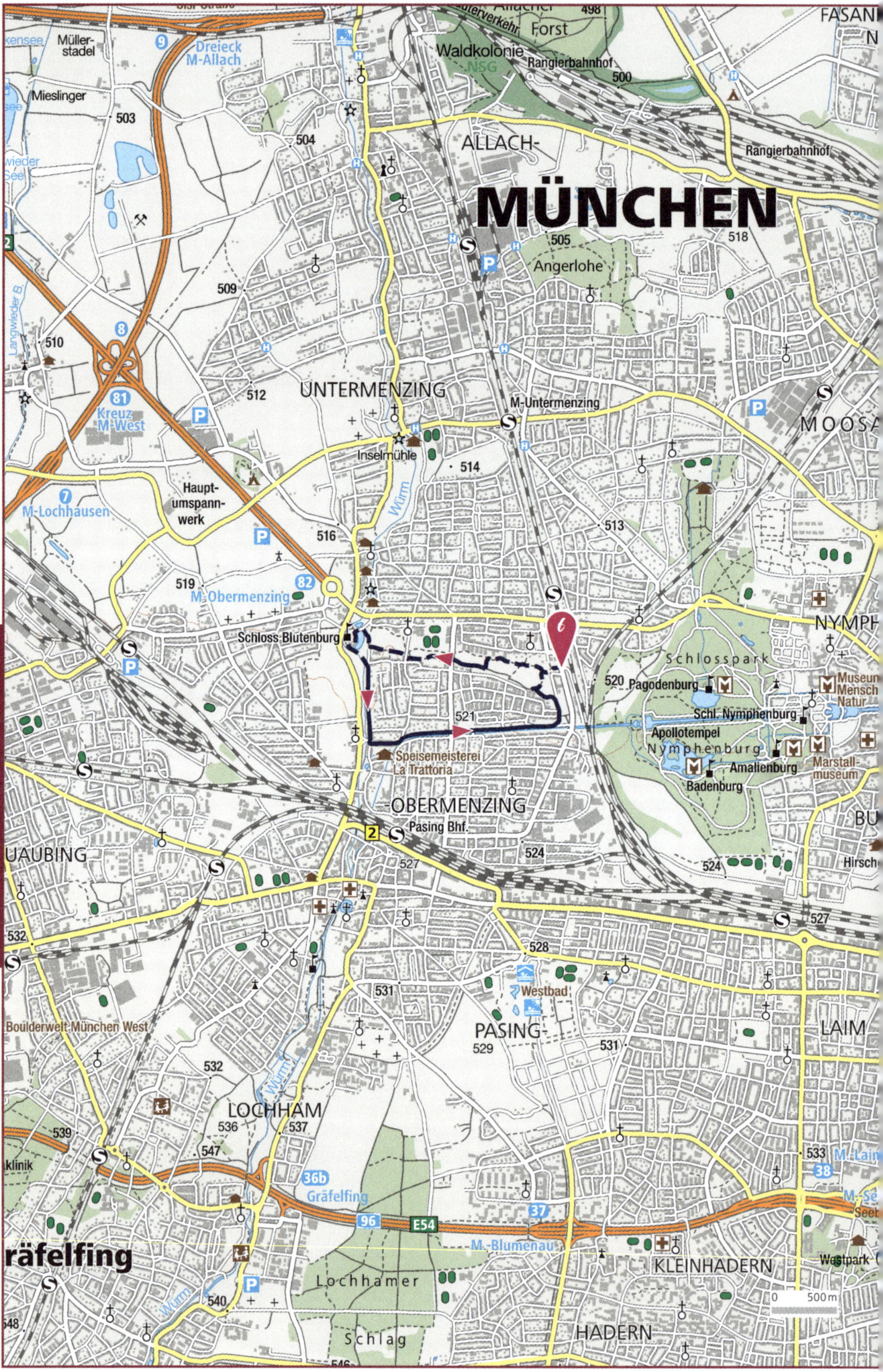

MÜNCHEN

Allacher Forst
Waldkolonie
NSG
Rangierbahnhof
ALLACH-
Müller-stadel
Mieslinger
Dreieck M-Allach
Angerlohe
UNTERMENZING
M-Untermenzing
MOOSACH
Inselmühle
Würm
Kreuz M-West
Haupt-umspann-werk
M-Lochhausen
M-Obermenzing
Schloss Blutenburg
Speisemeisterei La Trattoria
OBERMENZING
Pasing Bhf.
Schlosspark
Pagodenburg
Museum Mensch Natur
Schl. Nymphenburg
Apollotempel
Nymphenburg
Amalienburg
Badenburg
Marstall-museum
NYMPHENBURG
Hirschgarten
AUBING
Boulderwelt München West
Westbad
PASING
LAIM
LOCHHAM
Gräfelfing
M.-Blumenau
KLEINHADERN
Westpark
M.-Laim
Lochhamer Schlag
HADERN
Gräfelfing
0 500 m

Schloss Blutenburg

Spaziergang zum Jagd- und Bücherschloss an der Würm

DAUER	1h 20min
LÄNGE	5 km
AUFSTIEG	0 hm
SCHWIERIGKEIT	LEICHT
MIT ÖFFIS ERREICHBAR	ja

Hurra EST. 2016 draussen!

Das erwartet dich ...

Das ehemalige Jagdschloss mit Wehrmauer vor malerischer Seekulisse ist im Münchner Westen ein Highlight. Obwohl es sich im urbanen Raum befindet, führt der Spaziergang im Bogen durch jede Menge Grün mit ländlichen Ansichten und viel Wasser. Im mittelalterlichen Ensemble befinden sich die Europäische Jugendbibliothek und das Michael-Ende-Museum. Einkehrmöglichkeit gibt's unterwegs in der Schlossschänke oder der Speisemeisterei La Trattoria.

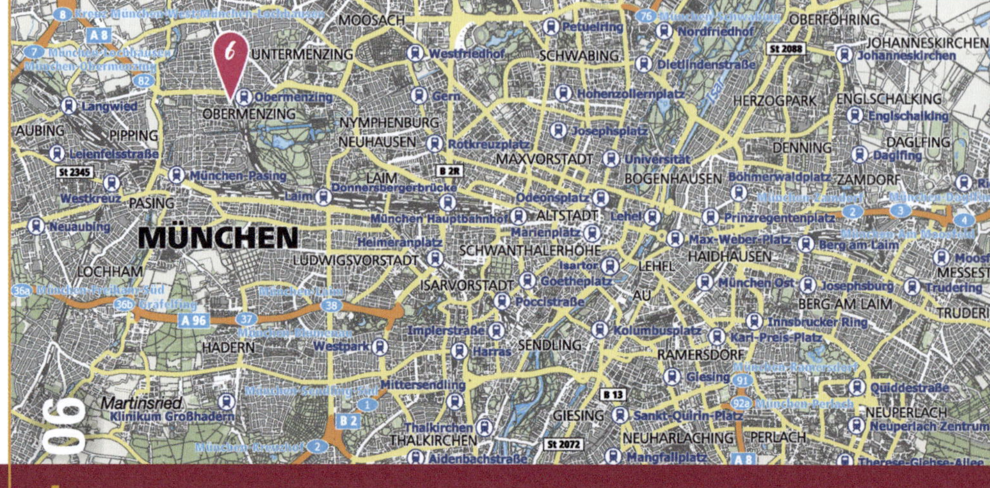

Start & Ziel & Anreise

Bis zur Haltestelle „Am Durchblick" mit den Bussen 162 ab Pasing oder Moosach (Zusteigmöglichkeiten z. B. am Ober- oder Untermenzinger Bahnhof) oder dem Bus 180 ab Berduxstraße oder Kieferngarten (Zustiegmöglichkeiten z.B. am Westfriedhof, Georg-Brauchle-Ring oder Am Hart Süd). Mit dem Auto: Eingeschränkte Parkmöglichkeiten „Am Durchblick" in Obermenzing. Zufahrtsmöglichkeit z. B. über die Verdistraße.

Tourenbeschreibung

Der Spaziergang beginnt an der ehemaligen Sichtachse von Schloss Nymphenburg zur Blutenburg, die bezeichnenderweise Am Durchblick heißt. Auch wenn heute hinter einer Bahntrasse und Wohnhäusern verschwunden, ist dafür der Blick nach Westen umso schöner. Der Durchblick ist ein ca. 1.400 Meter langer und zwischen 100 und 150 Meter breiter Grünstreifen, an dessen Ende die Umrisse von Schloss Blutenburg mit Hauptgebäude und Wehrmauer mit Türmchen grüßen. Eine perfekte ländliche Täuschung, da die Bebauung von Obermenzing vollständig hinter dem Baumbewuchs an den Flanken verschwindet.

Von städtischen Grünanlagen ist man eher weitläufige Wiesenflächen gewohnt. Hier füllt nach 150 Metern ein Acker den Raum. Man fühlt sich der Stadt entrückt. Fußwege führen nördlich und südlich daran vorbei. Zweimal ist eine Straße zu queren, ehe nur noch der Schlossteich den Spaziergänger von der

Blutenburg trennt. Zum Eingang der Blutenburg kommt man rechts dem Ufer folgend. Die Freunde vom Schloss haben hier einen Skulpturenpark eingerichtet.

Über das Torhaus im Norden betritt man den Hof der Blutenburg, die neben Grünwald das einzige erhaltene Bauwerk dieser Art bei München ist. Im Hof stehen eine große Linde und viele Apfelbäume. Im 13. Jahrhundert war die Blutenburg eine Wasserfeste mit Wohnturm. Ab 1508 diente sie als Jagdschloss, später als Ausflugsziel mit Gaststätte oder Kloster. Nach einem Besuch der sehenswerten Kapelle, der Schlossschänke, des Michael-Ende-Museums oder der Jugendbibliothek führt der weitere Weg zum Torhaus hinaus und rechts zwischen Wehrmauer und Weiher nach Süden.

Am südwestlichen Ufer des Weihers befindet sich der Zulauf, der über ein Brücklein gequert wird. Weiter geht es der Würm flussaufwärts folgend. Zwischen den Bäumen taucht nach 500 Metern der Kirchturm von St. Wolfgang in Pipping auf. Nahe der Straßenbrücke nach dem Schirmerweg links in die Westerholzstraße einbiegen. An ihrem Ende lässt sich im italienischen Lokal Speisemeisterei einkehren. Gleich dahinter führt der Pasing-Nymphenburger Kanal vorbei.

Seit 1701 wird Wasser aus der Würm durch den Pasing-Nymphenburger Kanal zum Schlosspark Nymphenburg geführt. Gerade, aber nicht langweilig, verläuft der Wasserzubringer, eingesäumt von Bäumen, nach Osten. Dem Weg folgen wir an seinem linken Ufer. Danach schließt sich eine Grünanlage an, auf der es sich komplett autofrei spazieren lässt. Kinder haben auf einem Spielplatz ihren Spaß.

Kurz vor der Frauendorferstraße links auf den Fußweg durch die Grünanlage einbiegen. Rechts der Kleingartenanlage befindet sich der Start- und Endpunkt Am Durchblick.

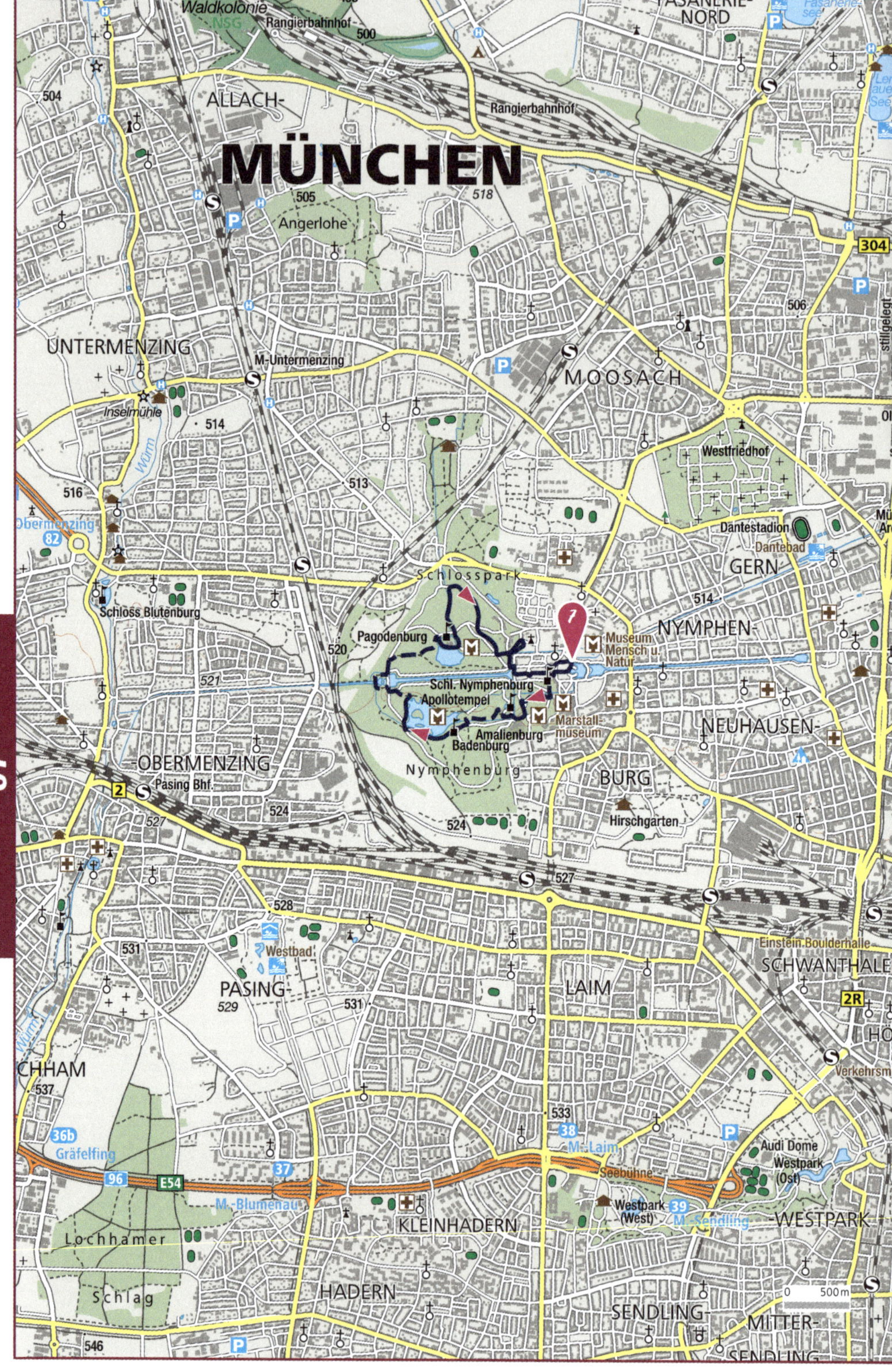
MÜNCHEN
Waldkolonie
Rangierbahnhof
ALLACH-
Angerlohe
UNTERMENZING
M-Untermenzing
Inselmühle
MOOSACH
Westfriedhof
Dantestadion
Dantebad
GERN
NYMPHEN-
Schlosspark
Pagodenburg
Schl. Nymphenburg
Apollotempel
Amalienburg
Badenburg
Nymphenburg
Museum Mensch u. Natur
Marstall-museum
NEUHAUSEN-
BURG
Hirschgarten
Schloss Blutenburg
OBERMENZING
Pasing Bhf.
Westbad
PASING
LAIM
Einstein Boulderhalle
SCHWANTHALE
Verkehrsm
Audi Dome
Westpark (Ost)
Westpark (West)
Seebühne
M.-Laim
M.-Blumenau
M.-Sendling
WESTPARK
KLEINHADERN
Gräfelfing
Lochhamer
Schlag
HADERN
SENDLING-
MITTER-
SENDLING
FASANERIE-NORD
304
E54
96
37
38
39
36b
82
2
2R
500 m

Tour 07

Schlosstour 07

Nymphenburg

Ein Spaziergang im Schlosspark

DAUER	1h 45min
LÄNGE	6,1 km
AUFSTIEG	10 hm
SCHWIERIGKEIT	LEICHT
MIT ÖFFIS ERREICHBAR	ja

Das erwartet dich ...

Ein wunderschöner Schlosspark im englischen Landschaftsstil. Unser Parkspaziergang führt zuerst zum prächtigen Jagdschloss Amalienburg, zum Haus der Bäder, der Badenburg, zum Apollotempel am Badenburger See und zur Großen Kaskade. China-Flair und Teepavillon, das ist die Pagodenburg am Kleinen See. Letztes Highlight ist die Magdalenenklause.

Schlosstour 07

Start & Ziel & Anreise

Ausgangspunkt ist das Schloss Nymphenburg, Parkplätze befinden sich am Schlossrondell. Mit dem Auto zu den Parkplätzen am nördlichen und südlichen Schlossrondell vor dem Schloss Nymphenburg. Mit der Trambahn Linie 17, den MVV-Bussen Linie 51 und 151, Haltestelle Schloss Nymphenburg.

Tourenbeschreibung

Den Rundgang beginnen wir am Schlossrondell vor Schloss Nymphenburg. Links gehen wir in den Schlosspark hinein.

Gleich hinter dem Schloss biegen wir links ab, folgen dem Wegweiser zur Amalienburg. Nach dem Kanal gehen wir nach rechts zum Hexenhäuschen im Kronprinzengarten und sehen schon das Lust- und Jadgschlösschen der Kurfürstin Maria Amalia, die Amalienburg. Bei der Amalienburg biegen wir links ab, gehen bei der nächsten Abzweigung rechts weiter und halten uns gleich darauf wieder rechts über die Kanalbrücke zum Dörfchen, dessen Mittelpunkt das Brunnenhaus ist. Das Wasser, das vom Brunnenhaus gepumpt wird, versorgt zahlreiche Fontänen im Park.

Wir spazieren am südlichen Kanal entlang zur Brücke, gehen links hinüber und sehen bereits die Badenburg. Sie diente dem Badevergnügen am Hofe und gilt als das erste beheizbare Hallenbad der Neuzeit. Unser Weg führt am Ufer des Badenburger Sees entlang zum Apollotempel auf der Halbinsel des Sees. Den Apollotempel im Rücken halten wir uns links und am Abzweig rechts hin zur Großen Kaskade, umgeben von zehn Figuren.

Wir gehen links um das Becken herum, halten uns dann links durch den Wald bis zum Abzweig und Wegweiser rechts zur Pagodenburg. An der Brücke führt rechts der Weg zur Pagodenburg am Kleinen See. Sie diente als Ruhestätte der hohen Herrschaften mit einem Saal und zwei Kabinetten und allerhand chinesischen Figuren.

Wir verlassen die Pagodenburg nach links und gehen nach der Brücke ebenfalls links. An der Wegekreuzung spazieren wir am Hartmannshofer Bach entlang. Am Ende des Weges biegen wir nach rechts ab und folgen dem Wegweiser zum Schloss. Bei der nächsten Kreuzung folgen wir dem Weg geradeaus, dann links zur Magdalenenklause. Sie wurde in einem ruinenartigen Stil erbaut, der Behausung eines Eremiten nachempfunden.

Wir gehen den Weg zurück und halten uns bis zur Brücke am Kanal entlang. Durch das Große Parterre mit der Wasserfontäne und direktem Blick zum Schloss kommen wir zum Ausgangspunkt zurück.

Autoren Tipp

Gleich neben dem Schloss Nymphenburg liegen zwei Museen mit faszinierenden Ausstellungen. Im 1. Stock des Marstallmuseums ist eine einzigartige Privatsammlung von Albert Bäumls „Nymphenburger Porzellane". Die Figuren von Anton Bustelli zierten einst die höfische Desserttafel. Das Museum Mensch und Natur ist bei Familien sehr beliebt. Unter dem Motto „Naturkunde als Erlebnis" bietet das Museum spannende Erlebnisse und überraschende Einblicke in die Geschichte der Erde mit dem Menschen als Gestalter seiner Umwelt.

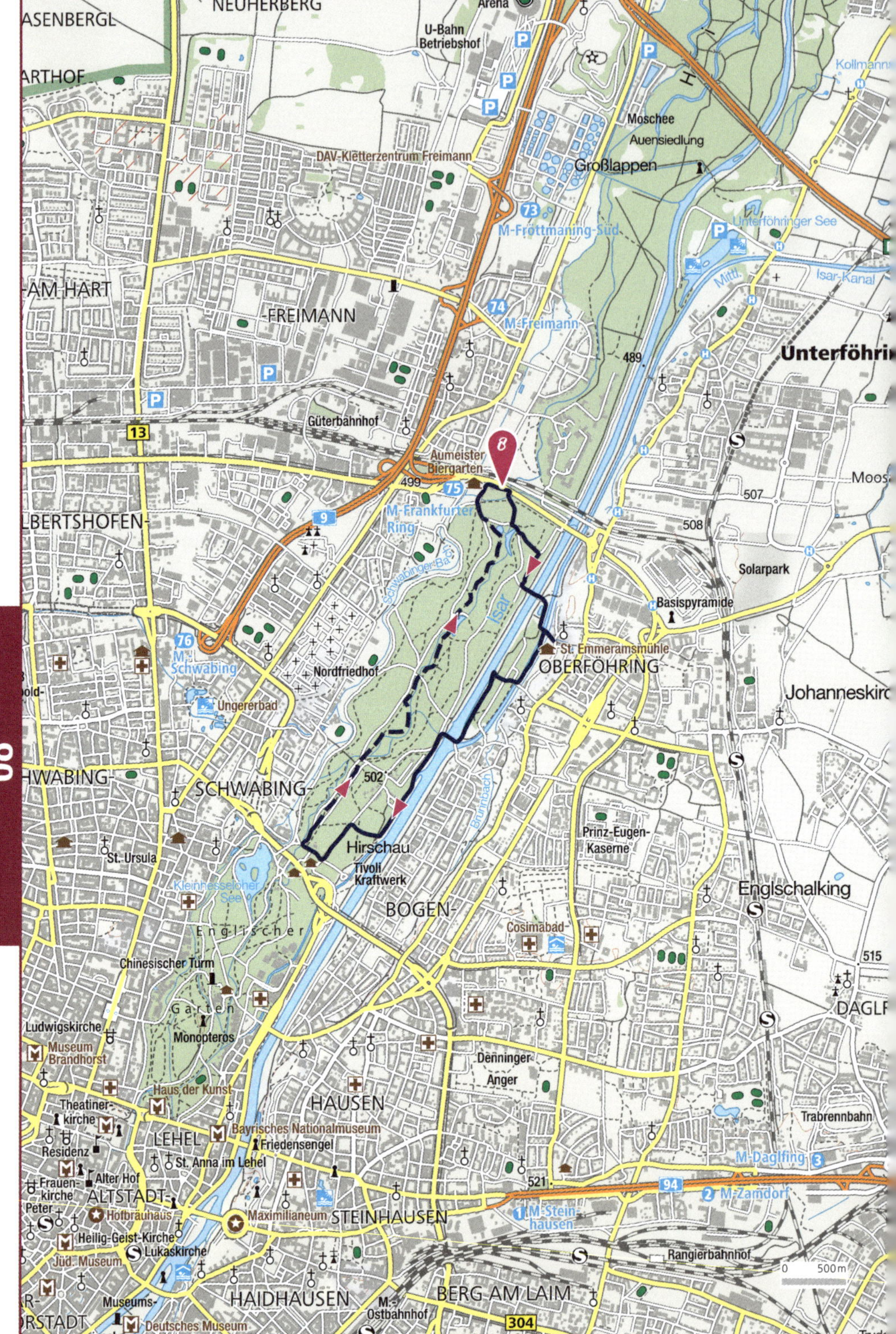

NEUHERBERG
ASENBERGL
ARTHOF
Allianz-Arena
U-Bahn Betriebshof
DAV-Kletterzentrum Freimann
Moschee
Auensiedlung
Großlappen
Kollmann
73
M-Fröttmaning-Süd
Unterföhringer See
Mittl.
Isar-Kanal
AM HART
FREIMANN
74
M-Freimann
489
Unterföhri
13
Güterbahnhof
8
Aumeister Biergarten
499
75
M-Frankfurter Ring
9
Moos
507
508
LBERTSHOFEN
Schwabinger Bach
Isar
Solarpark
Basispyramide
76
M-Schwabing
Nordfriedhof
St. Emmeramsmühle
OBERFÖHRING
Johanneskir
Ungererbad
HWABING
SCHWABING
502
Hirschau
Tivoli Kraftwerk
Brunnbach
Prinz-Eugen-Kaserne
St. Ursula
Kleinhesseloher See
Englschalking
Englischer Garten
BOGEN
Cosimabad
515
Chinesischer Turm
DAGLF
Monopteros
Ludwigskirche
Museum Brandhorst
Denninger Anger
Haus der Kunst
HAUSEN
Theatinerkirche
Trabrennbahn
Residenz
LEHEL
Bayrisches Nationalmuseum
Friedensengel
St. Anna im Lehel
M-Daglfing 3
Frauenkirche
Alter Hof
ALTSTADT
521
94
2 M-Zamdorf
Peter
Hofbräuhaus
Maximilianeum
STEINHAUSEN
1 M-Steinhausen
Heilig-Geist-Kirche
Lukaskirche
Rangierbahnhof
Jüd. Museum
0
500 m
Museumsinsel
HAIDHAUSEN
M-Ostbahnhof
BERG AM LAIM
304
Deutsches Museum

08 Parktour

Englischer Garten

Wilder Englischer Garten – Entdeckung nicht nur für „Zuagroaste" [Zugereiste]

DAUER	2h 15min
LÄNGE	8,5 km
AUFSTIEG	0 hm
SCHWIERIGKEIT	LEICHT
MIT ÖFFIS ERREICHBAR	ja

Hurra EST. 2016 draussen!

Das erwartet dich ...

Während sich im zentrumsnahen Englischen Garten die Massen auf die Füße treten, verlieren sich im Norden die Besucher. Es locken weite Wiesen und stille Bachläufe, die in versteckte Weiher fließen. Die Isar rückt mit dem Park auf Tuchfühlung. Außerdem bietet die Biergarten-Infrastruktur jederzeit eine nahe gelegene Einkehrmöglichkeit. Die Rundtour lässt sich wegen ihrer guten öffentlichen Anbindung beliebig verändern und unterbrechen.

08

Parktour

Start & Ziel & Anreise

Die Straßenbahn-Linie 16 (Richtung St. Emmeram) bis zur Endhaltestelle fahren. Zustiegmöglichkeiten z. B. am Arabellapark/Klinikum Bogenhausen oder Lehel. Mit dem Auto: Parkmöglichkeit am Biergarten Aumeister, Sondermeierstraße 1. Zufahrt über die Leithaler-Straße. Anderer Toureinstieg!

Tourenbeschreibung

Westlich der Trambahnschleife St. Emmeram 250 Meter der gleichnamigen Straße den Isarhang abwärts folgen. Durchaus eine erste Versuchung ist der beschauliche und eher gehobene Biergarten St. Emmeramsmühle. Gleich dahinter den Mittleren Isarkanal queren und am Wasser flussaufwärts wandern. An der nächsten Brücke den Weg rechts durch den Auwald bis zur Isar wählen und dem Fluss nach Süden folgen. Herrlich ist es hier, um das Licht der Nachmittagssonne zu genießen!

Am Stauwehr Oberföhring die Isar überqueren. Das eindrucksvolle Gebäude dient dazu, die Isar sechs Meter aufzustauen und in den Mittleren Isarkanal abzuleiten. Auf der anderen Flussseite dem Ufer nach Süden bis zur Mündung des Eisbachs folgen. Dort den Weg rechts bis zur Gyßlingstraße wählen, an dem links der Biergarten Hirschau liegt. Im Sommer gibt es hier häufig Livemusik und Steckerlfisch.

Durch den Parkplatz beim Lokal und Biergarten vorbei zur nahen Brücke im Westen gehen.

Ab hier führen viele Wege nach Norden. Schnell und direkt kommt man auf der kleinen und direkten Teerstraße (keine Autos) in 3,2 Kilometern zum Aumeister, einer weiteren Biergarteninstitution im Englischen Garten. Vorbei geht es an schönen Wiesen mit alten Bäumen. Die Möglichkeit auf eine Brotzeit lockte bereits früher die Besucher aus Schwabing an. Auch Thomas Mann ließ 1911 in seinem Buch „Tod in Venedig" seinen Helden Gustav von Aschenbach durch den Englischen Garten hierher spazieren.

Zum Libellenteich gelangt man vom Aumeister am Parkplatz vorbei nach Westen, dann über die Brücke und am Bachlauf entlang nach Süden.

Zurück nach St. Emmeram führt der Weg ab hier geradewegs nach Osten, dann rechts an der Kleingartenanlage Schledererheim vorbei. Die überdachte Emmeramsbrücke über die Isar befindet sich an der nächsten Abzweigung links. Der Biergarten ist nahe. Es ist nur noch der Weg linker Hand des kleinen Weihers zur Isarkanalbrücke zu gehen, wo sich der Kreis der Wanderung schließt.

Autoren Tipp

Reizvoller als auf der Teerstraße ist es von der Hirschau auf einem der schönen Wege entlang des Oberjägermeisterbachs zu gehen. Es gibt mehrere Möglichkeiten: Besonders lohnenswert ist der Abschnitt ab dem Mini-Hofbräuhaus, einem kreisrunden Pavillon mit günstiger Gastronomie. Das Wasser teilt sich mehrfach, fließt zuerst in den Schwammerl-, und etwas später in den Libellenteich, ein tolles Fotomotiv! Zum Biergarten Aumeister kommt man vom Libellenteich links über die Teerstraße.

Unterföhringer See
Mittl. Isar-Kanal
Mittlere Isar (Kanal)
Seebach
471
Fischteiche
NSG
Teichgut
Birkenhof
E52
99
E45
Hinter-Mühle
Feringasee
Feringa
Sisi-Straße
Reihersgraben
Unterföhring
14
Aschheim/Ismaning
Wendelmühle
Görgelmühle
Vordermühle
Gleißach
Moosanger
Luß
507
508
Solarpark
Golfpark München Aschheim
507
Trainingsbahn
Johanneskirchen
zu Johanneskirchen
Aschheim
512
9
Mooswiesen
Tassilo
Trainingsbahn
Autokino
Sport
Römisches Bad
Englschalking
Domach
517
Neuland
515
Trainingsbahn
DAGLFING
Zur schönen Gärtnerin
518
Galopprennbahn
Gewerbegebiet
Umschlagbahnhof
Reitstadion
Feldkirchen-West
6
Trabrennbahn
M-Riem
5
M-Daglfing
3
94
RIEM
2 M-Zamdorf
Messe München
4
M-Am Moosfeld
Salmdorf
531
Solarpark
524
Messestadt Riem
Trudering
KIRCH-TRUDERING
526
BUGA 2005
0 500 m

Feldkirchner Tangente

Bahntrassen-Walking durchs Johanneskirchner Moos

DAUER	2h 10min
LÄNGE	9 km
AUFSTIEG	0 hm
SCHWIERIGKEIT	MITTEL
MIT ÖFFIS ERREICHBAR	ja

Hurra EST. 2016 draussen!

Das erwartet dich ...

Die Feldkirchner Tangente war eine Eisenbahnstrecke, die von 1942 bis 1946 Feldkirchen mit Johanneskirchen verband. Obwohl die Gleise 1949 entfernt wurden, zeigt noch heute der Schotter, wo einst die Dampflokomotiven schnauften. Heute ist der Bahndamm ein geschützter Landschaftsbestandteil, auf dem sich prima spazieren und im Anschluss einen wenig schattigen Bogen vorbei an Baggerseen und durchs Johanneskirchner Moos schlagen lässt.

Entdeckertour 09

Start & Ziel & Anreise

Mit dem Bus: Einmal durch die Stadt mit dem Bus 154 vom Nordbad bis zur Lübecker Straße. Zustiegmöglichkeiten gibt es z. B. an den U-Bahnhaltestellen Josephsplatz, Universität, Georgen-/Giselastraße, Arabellapark Nord. S-Bahnhof Johanneskirchen. Mit dem Auto: In Johanneskirchen bei München erst der Johanneskirchner Straße, dann der Verlängerung Aaröstraße nach Osten folgen. Parkmöglichkeiten gibt es vor der Linkskurve oder danach an der Apenrader Straße am Feldweg rechts.

Tourenbeschreibung

Von der Bushaltestelle der Lübecker Straße nach Norden gehen, dann der Aaröstraße nach rechts und dem Straßenverlauf um die Kurve folgen. 300 Meter weiter am Haus rechts auf den Feldweg abbiegen. Der ehemalige Bahndamm ist bereits zu sehen. Über einen kleinen Fußpfad auf die Böschung steigen.

Auf dem Damm lässt es sich gut gehen. Schon nach kurzer Zeit kommt die Brücke über den Hüllgraben, der das Wasser des Hachinger Bachs ab dem Michaelibad in einem Betonrohr bis südlich der A94 durch den Münchner Osten führt. Vom Damm hat man einen schönen Blick in das Johanneskirchner Moos. Toll die Weite, besonders wenn das Wetter freundlich ist. Man hört manchmal das leise Rauschen des Autobahnrings, aber dafür umso lauter das Singen der Vögel.

Nach der Kleingartenanlage links abbiegen. Die Weite verschleiert, dass man hier und dort hinter Hecken eingewachsene Baggerseen entdeckt. Versteckt hinter Büschen nach 200 Metern rechts das erste Gewässer, das sich auf einem Fußpfad im Norden umrunden lässt. Keine Strecke für Kinderwägen!

Ein modernes Kieswerk auf der anderen Seite lässt ahnen, dass es hier werktags gewiss lauter ist. Zum Umgehen folgen wir dem Weg 600 Meter nach Süden. An dem Wirtschaftsgebäude links abbiegen und an nächster Gelegenheit zurück nach Norden wandern. Die Abkürzung über die Kieselsteinstrecke südlich der Bahntrasse ist schwer gangbar und keine Empfehlung. Zu keiner Zeit muss das Betriebsgelände betreten werden.

Rechts auf der Kieswerk-Zufahrtsstraße entlang der Bäume wandern. An der nächsten Abzweigung dem Wirtschaftsweg durch die Felder etwa 1,8 Kilometer links nach Norden folgen. Im Osten ragt das Autokino Aschheim mit seiner enorm großen Leinwand über das Grün des Sichtschutzes. Unterwegs die Weggabelung links wählen, bevor nach 150 Metern rechts der nächste versteckte Baggersee wartet. Ein kleiner Abstecher auf dem Fußpfad zur Oase lohnt!

Um die Runde abzukürzen nach dem Gestüt dem Ablaufkanal links folgen. Rechts Richtung Aschheim gehen, um die volle Wanderung zu wählen. Vorbei an der Pferdeklinik und bis zur Hauptstraße wandern und die Brücke über den Ablaufkanal im Norden queren. Retour über die Fasanen-Allee auf der anderen Seite. Der von 1926 bis 1929 gebaute Ablaufgraben entwässerte das Johanneskirchener Moos. Der Niedermoosgürtel ging durch den sinkenden Grundwasserspiegel nach und nach verloren. Rechts liegt der Golfclub Aschheim. Einkehrmöglichkeit von März bis Ende Oktober in der Golfclub-Gastronomie „Greens".

Nun einfach dem Wasserlauf folgen. Der Ablaufkanal wird zum kleinen Stausee. Seit 1989 sind die Böschungen als geschützter Landschaftsbestandteil ausgewiesen, um die sich heute der Landesbund für Vogelschutz kümmert. Die Gebüsche bieten jede Menge Versteckmöglichkeiten für den geschützten Pirol und andere seltene Vogelarten.

In den Stausee stürzt als kleiner Wasserfall der Hachinger Bach. Weiter bachabwärts am südlichen Ufer des Hüllgrabens gehen, bis er auf den Bahndamm stößt. Das letzte Stück in umgekehrter Richtung zurück bis zum Ausgangspunkt der Wanderung spazieren.

10

GARCHING
bei München
Gewerbegebiet
Mittlere
Kletterhalle
Garching
HOCHBRÜCK
Mühlenpark
Garchinger Mühle
Isarau
Garchinger Mühlbach
Isar
Schleißheimer Kanal
71
Garching-Süd
Kanalschlössl
Standort-
übungsplatz
Olympia
chießanlage
ochbrück
DIRN-
ISMANING
Fröttmaninger
Mülldeponie
Kreuz
München-
Nord
486
72/13
Müll-
deponie
Fröttmaning-
Nord
12b
Isma
492
Hirschau
Schleißheimer Kanal
Garchinger Mühlbach
Schwabinger Bach
Heide
Allianz-
Arena
NEUHERBERG
U-Bahn
Betriebshof
Kollmannsbr.
Moschee
Auensiedlung
DAV-Kletterzentrum Freimann
Großlappen
Unterföhringer See
Mittlere Isar (K
73
M-Fröttmaning-Süd
10
Mittl.
Isar-Kanal
E52
99
E45
Hinter-
FREIMANN
74
M-Freimann
Feringa-
see
Sisi-Straße
Unterföhring
489
Feringa
14
Aschheim/Ismaning
Güterbahnhof
Gießbach
Moosanger
We
Luß
499
75
Aumeister
507
9
M-Frankfurter
Ring
508
Solarpark
507
Schwabinger Bach
Isar
Basispyramide
OBERFÖHRING
Nordfriedhof
zu Joha
kirche
Johanneskirchen
0 500 m
502
SCHWABING-
Trainings-
Moos

Poschinger Weiher

Versteckter Poschinger Weiher – Zwischen Isar und Ismaning

DAUER	1h
LÄNGE	3,5 km
AUFSTIEG	57 hm
SCHWIERIGKEIT	LEICHT
MIT ÖFFIS ERREICHBAR	ja

Hurra EST. 2016 draussen!

Das erwartet dich ...

Der Poschinger Weiher bei Unterföhring ist nicht nur ein toller Badesee mit angrenzendem Biergarten, er liegt auch hübsch versteckt zwischen Kanal und dem aussichtsreichen Hypoberg. Hier kann jeder, der will, eine kleine Runde drehen, oder sportlich ambitionierter entlang der Isar bis nach Ismaning wandern.

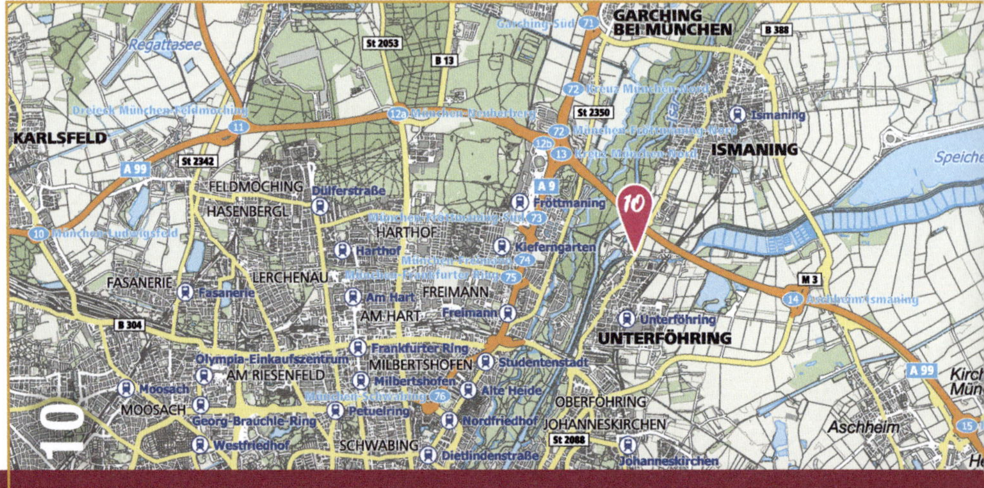

Seetour 10

Start & Ziel & Anreise

Mit dem Bus: Mit dem Bus 231 von der U-Bahnhaltestelle Studentenstadt (U6) Richtung Ismaning bis zur Haltestelle Unterföhring-Kanal fahren.
Mit dem Auto: In Unterföhring am nördlichen Ortsausgang/Münchner Straße nach der Isarbrücke links in die Straße „Am Poschinger Weiher" abbiegen uns bis zum öffentlichen Parkplatz fahren.

Tourenbeschreibung

Von der Bushaltestelle Unterföhring-Kanal geht es erst ein Stück auf der Straße Am Poschinger Weiher nach Westen, dann nach dem Sportplatz abbiegen und rechts nach Norden. In einem Linksbogen um den Tümpel herum führt der Weg ansteigend auf den Hypoberg. Aus dem Schutt der zerbombten Stadt München entstanden fügt er sich wie ein natürlicher Berg in die eher flache Landschaft des Münchner Nordens ein. Hier genießt man den tollen Blick zum Poschinger Weiher, den Isar-Kanal und über die Stadt zu den Bergen.

Den Berg wieder hinunterwandern und an der nächsten Abzweigung links halten. Der Weg führt zum Isarsteg Unterföhring am ehemaligen Mollwehr.

Nicht nur vom Steg kann man das Isarflimmern beobachten, auch von der nahen Kiesbank etwas südlich. Eine schöne Gelegenheit hier einen Augenblick zu verweilen und die Ruhe des Flusses aufzunehmen. Zum Poschinger Weiher dem geschotterten Uferweg nach Süden folgen und an der nächsten Möglichkeit links abbiegen. Geradeaus befindet sich die Parkplatzeinfahrt und halb links hinter den Stellplätzen der See, der durch einen Zugang erreichbar ist. Wer möchte, kann hier im Sommer herrlich baden und im nahen Biergarten den Tag ausklingen lassen. Der Biergarten ist nicht zu verfehlen. Einfach am Ufer ein Stück weiter nach Süden gehen.

Um zurück zur Bushaltestelle zu gelangen den Poschinger Weiher im Süden umrunden und auf den Treppenstufen hoch zur Dammkrone des Isarkanals steigen. Oben angelangt den Weg in einem weiten Rechtsbogen bis zur Kanalbrücke gehen. Die Bushaltestelle befindet sich ein kleines Stück im Norden.

Sportlicher Track über den Isarsteg bei Ismaning:
Der Isar flussabwärts nach Norden folgen und die Autobahnbrücke unterqueren. An der Abzweigung knapp 450 Meter rechts durch den Auwald – dann an der Weggabelung links – zur friedlichen St.-Koloman-Klause wandern.

Von der Klause dem Wiesenweg am Waldrand Richtung Norden folgen. Vor den ersten Häusern links zurück zum Fluss und auf dem Uferweg rechts flussabwärts bis zur Fußgängerbrücke. Auf der westlichen Flussseite geht es wieder bis zum Unterföhringer Isarsteg, um dort auf das Ostufer zu wechseln.

Autoren Tipp

Wer im Sommer diese Runde macht, sollte unbedingt seine Badesachen einpacken, denn der Poschinger Weiher ist eine Badeoase! Außerdem gibt es einen Kinderstrand, wo auch Nichtschwimmer sicher im Wasser planschen können. Die Wassertiefe liegt bei etwa 2,5 Metern im restlichen See. Die Wasserqualität ist hier übrigens viel besser als am Feringasee. In der Zeit während des Badebetriebs vom 1.5. bis 30.09. dürfen Hunde leider nicht in den Uferbereich.

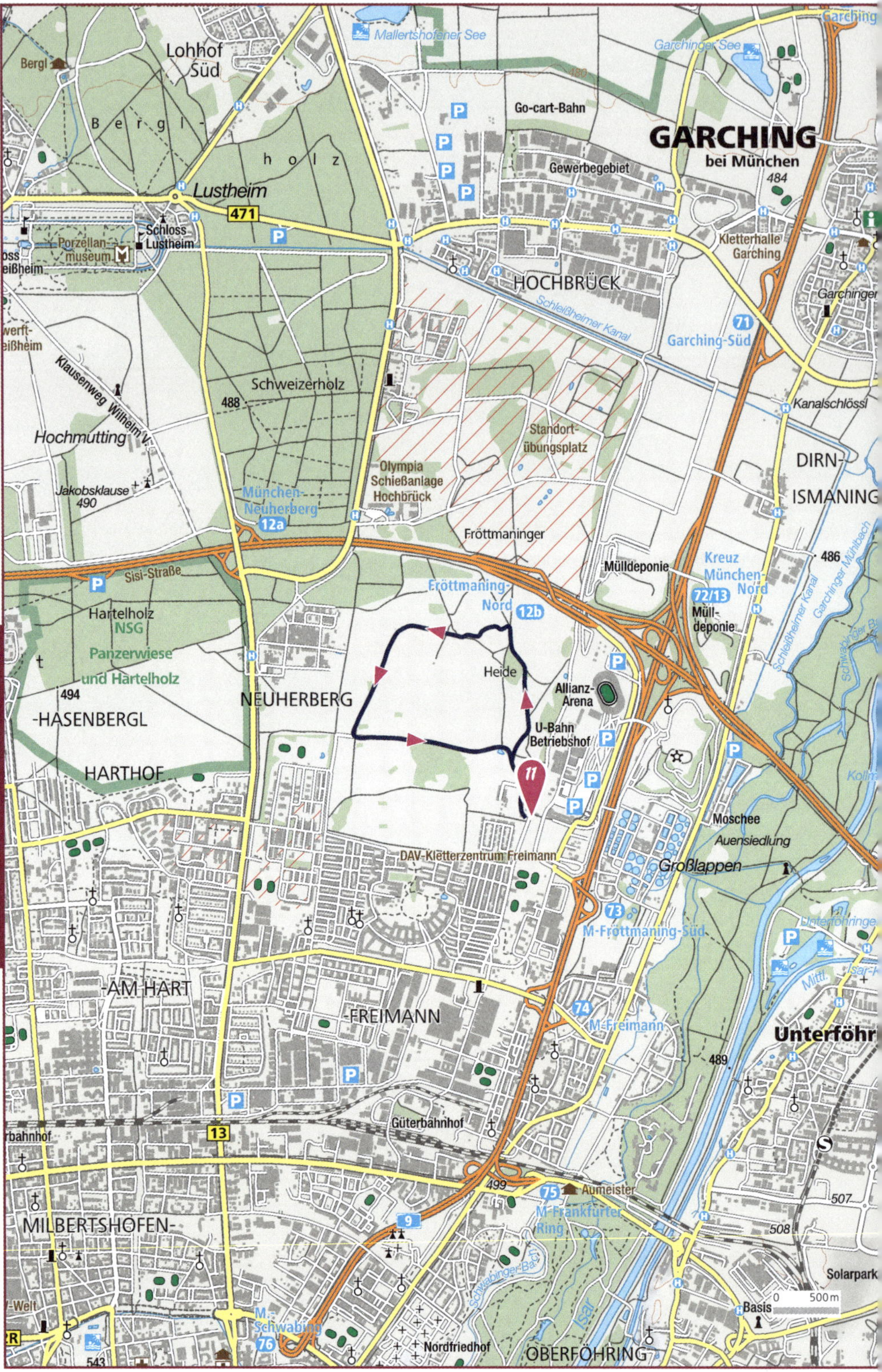

Mallertshofener See
Garching
Garchinger See
Lohhof Süd
Bergl
Go-cart-Bahn
Berglholz
GARCHING bei München
484
Gewerbegebiet
Lustheim
471
Schloss Lustheim
Porzellanmuseum
Kletterhalle Garching
HOCHBRÜCK
Schleißheimer Kanal
Garchinger
71
Garching-Süd
Klausenweg Wilhelm V.
Schweizerholz
488
Kanalschlössl
Hochmutting
Standortübungsplatz
DIRN-ISMANING
Olympia Schießanlage Hochbrück
Jakobsklause 490
München-Neuherberg
12a
Fröttmaninger
486
Sisi-Straße
Mülldeponie
Kreuz München-Nord
72/13
Fröttmaning-Nord
12b
Hartelholz
NSG Panzerwiese und Hartelholz
Heide
Allianz-Arena
494
NEUHERBERG
-HASENBERGL
U-Bahn Betriebshof
HARTHOF
11
Moschee
Auensiedlung
DAV-Kletterzentrum Freimann
Großlappen
73
M-Fröttmaning-Süd
-AM HART
FREIMANN
74
M-Freimann
Unterföhring
489
Güterbahnhof
13
499
75
Aumeister
M-Frankfurter Ring
507
508
9
MILBERTSHOFEN-
Schwabinger Bach
Solarpark
Isar
Basis
0 500 m
M-Schwabing
76
543
Nordfriedhof
OBERFÖHRING

Fröttmaninger Heide

Optische Täuschungen in der Fröttmaninger Heide

DAUER	1h 30min
LÄNGE	5,2 km
AUFSTIEG	0 hm
SCHWIERIGKEIT	LEICHT
MIT ÖFFIS ERREICHBAR	ja

Hurra EST. 2016 draussen!

Das erwartet dich ...

Die Fröttmaninger Heide ist besonders. Sie ist eine der größten zusammenhängenden Grasheiden Mitteleuropas, zu der man mit der U-Bahn fahren kann. Einfach aussteigen und sich auf einem anderen Planeten befinden. In einem weiten Bogen führt der Spaziergang um das Schutzgebiet der Heide mit ihrem lockeren Baumbestand. Nirgendwo in München lässt sich außerdem am Feierabend die Sonne so lange genießen. Die nahe Allianz-Arena sieht von hier wie ein gelandetes Raumschiff aus.

Start & Ziel & Anreise

Mit der U-Bahn: Mit der U6 Richtung Garching-Forschungszentrum, bis Haltestelle Fröttmaning fahren. Den Bahnhof in Fahrtrichtung links (Westen) verlassen. Mit dem Auto: Auf der Autobahn A 9 bis zur Ausfahrt München Fröttmaning-Süd fahren. Der kostenpflichtige Parkplatz (P+R) befindet sich nahe der Allianz-Arena in der Werner-Heisenberg-Allee. Während eines Fußballspiels des FC Bayern sind die Parkplätze knapp und teuer.

Tourenbeschreibung

Gleich bei der U-Bahnstation im Osten trifft man zuerst auf das „Heide-Haus“, dem Informations- und Umweltbildungszentrum des Heideflächenvereins München-Nord. Vor der Exkursion lohnt ein Abstecher auf den Aussichtshügel und der kurze, aber spannende Heide-Lehrpfad gleich nebenan. Er beginnt gleich am Haus bei den Schaubeeten.

In einem weiten Linksbogen geht es gegen den Uhrzeiger einmal um den Kernbereich der Fröttmaninger Heide. Aber zunächst spazieren wir am Heide-Haus vorbei nach Norden. Der Weg beschreibt einen lockeren Linksbogen. Es hat sich viel getan in der Fröttmaninger Heide. Wo einst Panzer ihre Ketten in den Boden gruben oder Pioniere an Brückenattrappen den militärischen Ernstfall probten, hat sich die Natur gut erholt. Vorbei geht es an Kiesbrachen, wo früher die Baracken der Pioniere standen. Hier und da siehr man noch Betonrelikte unbekannter Funktion.

Am nächsten offiziellen Abzweiger wender wir uns erneut nach Norden. Die Allianz-Arena beginnt sich bald wie ein weißes UFO hinter den Bäumen abzuheben. Dahinter der Fröttmaninger Berg mit dem Windrad. Das zweite Windrad auf der Deponie Nord-West in Freimann ist seit Januar 2021 in Betrieb. Wo man es nicht vermutet Gruben, in denen sich Pionierpflanzen angesiedelt haben und ein Hügel wie ein Zuckerhut.

Die Erhebungen der ehemaligen Flakstellungen markieren den nordöstlichsten Punkt der kleinen Wanderung. Der Weg dorthin führt erst rechts an einem Wäldchen vorbei, danach Richtung Westen. Von den Hügeln hat man einen tollen Blick über die Weite der Fröttmaninger Heide, dem ehemaligen Sprengplatz und dem Münchner Fernsehturm im Süden.

Den Flakhügel verlassen wir in südlicher Richtung. Weiter geht es auf weichen Wiesenpfaden, erst 500 Meter nach Westen (rechts), danach etwa 900 Meter nach Süden. Hier macht Wandern besonders Freude. Zurück geht es über die bekieste Panzerstraße, die am „Heideblick" vorbeiführt, eine Aussichtsplattform am Rand der Schutzzone. Die gute Beschilderung hilft dabei jedem, der keine so gute Orientierung hat, seinen Ausgangspunkt wiederzufinden. Die Runde schließt sich ein Stück weiter im Osten.

Wer den nadelholzbewachsenen Süden kennt, fühlt sich hier wie im Norden. Das ist wie ein kleiner Urlaub.

Autoren Tipp

Zahlreiche Pfade oder Kieswege durchziehen die Landschaft. Nicht jeder darf begangen werden, da wegen Munitionsbelastung verboten, außerdem um das sensible Habitat zu schützen. Holzpfosten markieren die offiziellen und gefahrlosen Wege. Es gilt Leinenpflicht für Hunde, da auch Schafe für den Erhalt der Heidelandschaft sorgen. Sie fressen Sträucher, Baumsetzlinge und meiden Hundekot. Nur so behält die Fröttmaninger Heide ihre beeindruckende Weite.

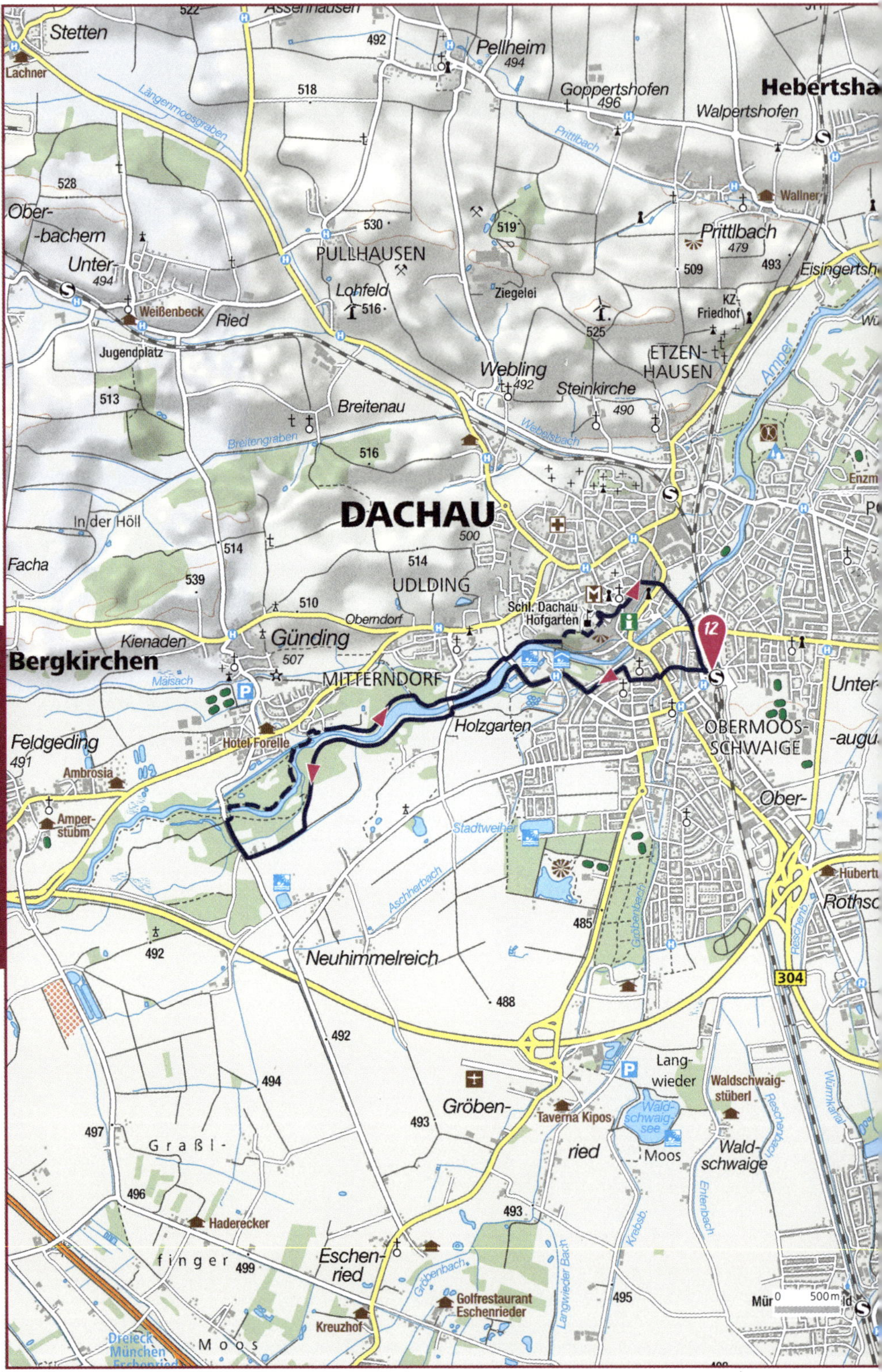

12

Stetten
Lachner
Assenhausen
522
492
Pellheim
494
518
Längenmoosgraben
Goppertshofen
496
Hebertshausen
Walpertshofen
Prittlbach
528
Ober-
-bachern
Unter-
494
Weißenbeck
Ried
530
PULLHAUSEN
Lohfeld
516
519
Ziegelei
Wallner
Prittlbach
479
509
493
Eisingertshofen
KZ-
Friedhof
525
Jugendplatz
513
Breitenau
Webling
492
Steinkirche
490
ETZEN-
HAUSEN
Amper
Breitengraben
516
Webelsbach
DACHAU
500
In der Höll
514
Facha
514
UDLDING
539
510
Oberndorf
Schl. Dachau
Hofgarten
Kienaden
Günding
507
Bergkirchen
Maisach
MITTERNDORF
Unter-
Feldgeding
491
Hotel Forelle
Holzgarten
OBERMOOS-
SCHWAIGE
-augustenfeld
Ambrosia
Amper-
stubm
Ober-
Stadtweiher
Aschherbach
Huberthof
Rothschwaige
485
Gröbenbach
Reschenb.
492
Neuhimmelreich
304
488
492
Lang-
wieder
494
Waldschwaig-
stüberl
Gröben-
ried
493
Taverna Kipos
Wald-
schwaig-
see
Moos
Wald-
schwaige
497
Graßl-
496
Haderecker
493
finger
499
Eschen-
ried
Gröbenbach
Golfrestaurant
Eschenrieder
Kreuzhof
495
Langwieder Bach
Krebsb.
Entenbach
Reschenbach
Würmkanal
Dreieck
München
Eschenried
Moos
0 500 m

Amperau bei Dachau

Durch den Auwald an der Amper

DAUER	2h 30min
LÄNGE	9,9 km
AUFSTIEG	34 hm
SCHWIERIGKEIT	LEICHT
MIT ÖFFIS ERREICHBAR	ja

Das erwartet dich ...

Diese landschaftlich einmalige Rundwanderung bringt uns in die stadtnahe Amperau, die wir in einem weitgehend naturnahen Zustand vorfinden. Außer dem steilen Stufenweg von der Amper zum Hofgarten beim Schloss sind kaum nennenswerte Höhenunterschiede zu überwinden.

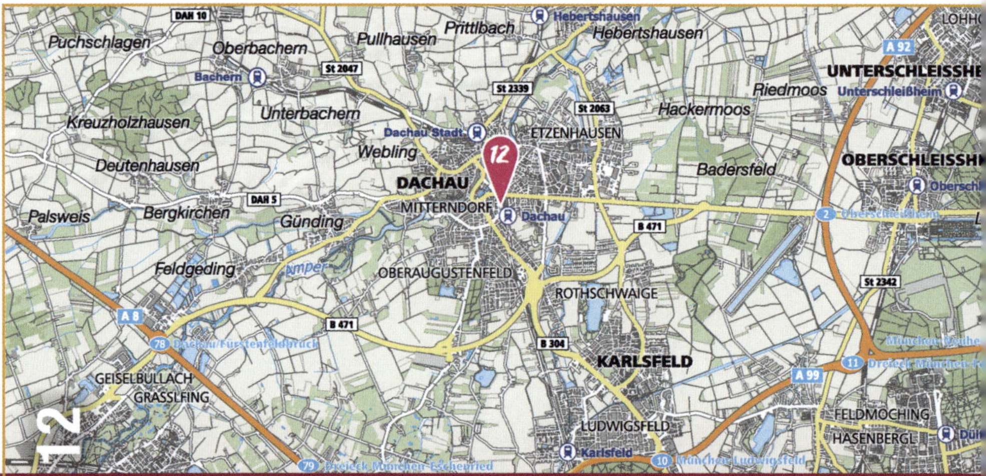

Start & Ziel & Anreise

Wir starten am Bahnhof in Dachau bzw. auf dem dortigen Park & Ride-Parkplatz. Mit dem Auto von München aus auf der B 304 nach Dachau. Nach der Anschlussstelle mit der B 471 rechts in die Wallbergstraße und weiter zur Augustenfelder Straße. Links einbiegen und weiter zum Park & Ride-Parkplatz beim Bahnhof Dachau. Mit der S-Bahn, Linie S2 München-Petershausen von München zum Bahnhof Dachau.

Tourenbeschreibung

Wir beginnen die Wanderung am Bahnhof mitten in Dachau. Vom Bahnhofsplatz gehen wir zuerst rechts durch die Fußgängerunterführung zur Langhammer Straße und geradeaus über den Gröbenbach zum Sparkassenplatz und zur Münchner Straße. Dort queren wir einen kleinen Marktplatz und folgen der Herzog-Albrecht-Straße. Neben der Friedenskirche biegen wir rechts ab, gehen geradeaus über eine schmale Brücke und wenden uns dahinter nach links. Neben dem Kanal folgen wir der Ludwig-Dill-Straße. An der Kreuzung heißt es rechts der Ludwig-Dill-Straße weiter folgen zum Familienbad Dachau.

Unmittelbar vor der Amperbrücke gehen wir nach links zum Ufer der Amper. Der Weg führt durch schönen Auwald die Amper aufwärts. Dort wo der Amperkanal mündet folgen wir dem breiteren Weg im Linksbogen. Im weiteren Verlauf verlassen wir den Wald, stoßen auf einen Weg, auf dem wir nach rechts bis an die Eschenrieder Straße gehen.

An der Straße rechts abbiegen und auf dem Fuß- und Radweg neben der Straße wandern. Bald folgen wir dem Fußweg nach rechts über die Amper und nehmen gleich hinter der Brücke den schmalen Weg wiederum rechts am Ufer entlang. Dieser Wurzelweg bringt uns durch einen urwaldartigen Auwald zum Naturfreundehaus Dachau. Hier queren wir den Amperkanal um gleich wieder rechts auf der Landzunge über die Brücke des Bulachgrabens zu gehen. Weiter wandern wir der Amper entlang zur Brücke an der Maisach.

Gegenüber folgen wir nach rechts weiterhin der Amper zur nächsten Brücke über der Amper. Geradeaus heißt unser Weg nun Georg-Andorfer-Weg, auf dem wir bis zum Kraftwerk Dachau wandern. Hier halten wir uns links zum steilen Treppenaufstieg, der uns an den Eingang zum Hofgarten von Schloss Dachau führt.

Wir spazieren durch den Hofgarten mit seinen schönen Laubengängen zum Schloss. Hinter dem Schloss gehen wir rechts durch die Schlossgasse zur Kirche St. Jakob. Dort die Konrad-Adenauer-Straße durch die Altstadt bis an die Martin-Huber -Treppe hinunter. Rechts nehmen wir die Treppe hinab in die Ludwig-Thoma-Straße. Gegenüber folgen wir nun der Martin-Huber Straße über die Amperbrücke, queren die Schleißheimer Straße und erreichen wieder den Bahnhof Dachau und unseren Ausgangspunkt.

Autoren Tipp

Hoch über der historischen Altstadt thront auf dem Schlossberg das Schloss Dachau, einst beliebte Sommerresidenz der Wittelsbacher. Von der ehemals mächtigen Vierflügelanlage der Herzöge von Dachau blieb nur der barocke Festsaaltrakt mit der prächtigen Holzdecke aus der Renaissance. Hier gibt es ein wunderschönes Café.
Die reizvolle Lage des Dachauer Hofgartens auf dem Höhenrücken bietet einen grandiosen Panoramablick. Bei Föhn erscheinen der Olympiaturm in München und die Alpen greifbar nah.

Unser
Highlight

13

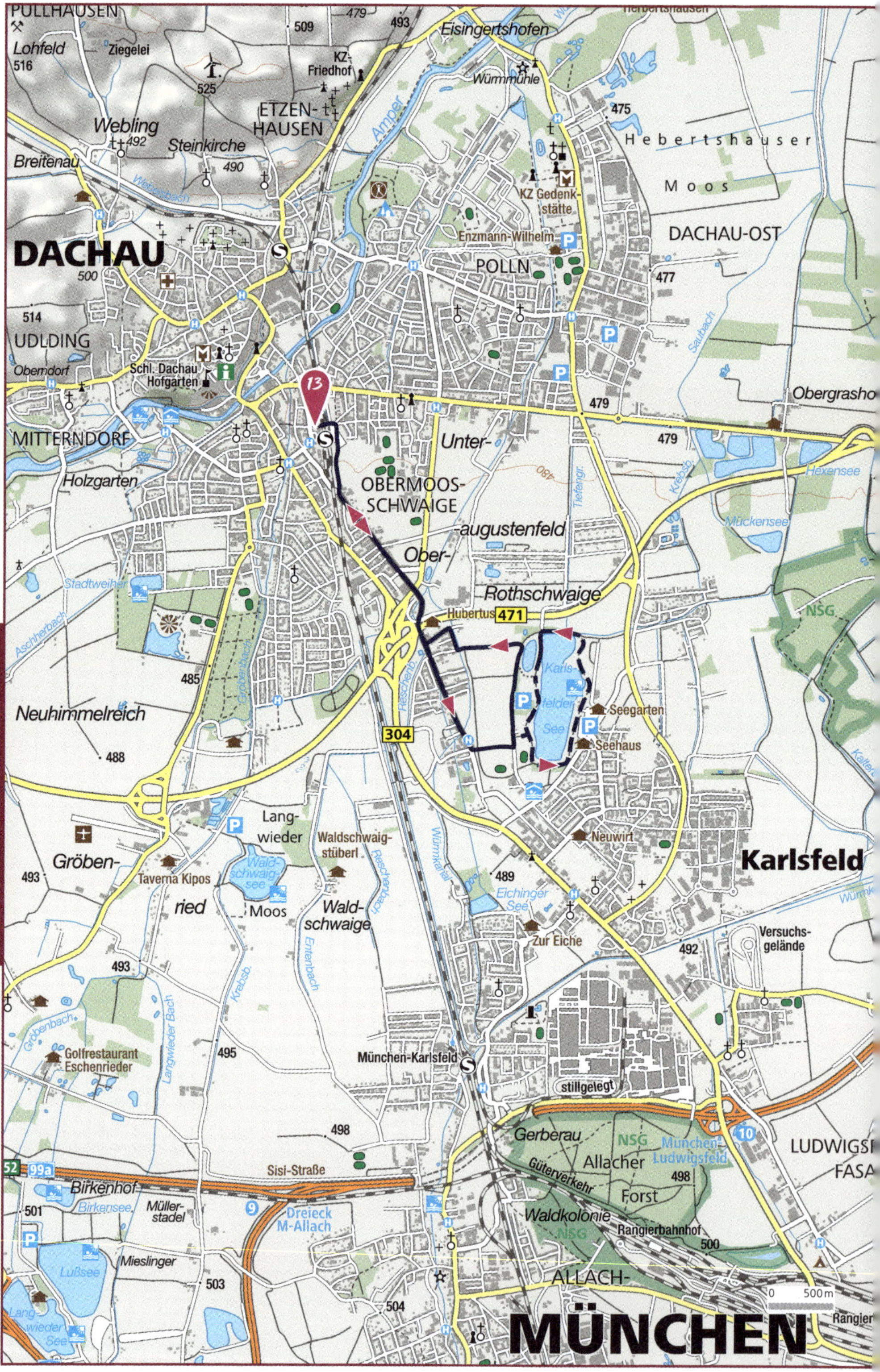

PULLHAUSEN
Lohfeld
516
Ziegelei
509
479
493
Eisingertshofen
KZ-Friedhof
525
Würmmühle
Webling
492
ETZEN-HAUSEN
475
Hebertshauser
Moos
Breitenau
Steinkirche
490
Amper
KZ Gedenkstätte
Enzmann-Wilhelm
DACHAU
500
POLLN
DACHAU-OST
477
514
UDLDING
Obemdorf
Schl. Dachau Hofgarten
13
479
Obergrasho
479
MITTERNDORF
Unter-
OBERMOOS-SCHWAIGE
480
Holzgarten
-augustenfeld
Hexensee
Mückensee
Ober-
Stadtweiher
Rothschwaige
Hubertus
471
NSG
Aschbach
Karlsfelder See
Seegarten
485
Seehaus
Neuhimmelreich
304
488
Lang-wieder
Waldschwaig-stüberl
Neuwirt
Karlsfeld
Gröben-
Taverna Kipos
Waldschwaigsee
489
Eichinger See
493
ried
Moos
Wald-schwaige
Zur Eiche
Versuchs-gelände
492
493
Golfrestaurant Eschenrieder
495
München-Karlsfeld
stillgelegt
498
Gerberau
NSG
Allacher
München-Ludwigsfeld
LUDWIGS
FASA
52
99a
Sisi-Straße
Birkenhof
Güterverkehr
498
501
Birkensee
Müller-stadel
9
Dreieck M-Allach
Forst
Waldkolonie
NSG
Rangierbahnhof
500
10
Lußsee
Mieslinger
503
ALLACH-
Lang-wieder See
504
0 500 m
Rangier
MÜNCHEN

13 Seetour

Karlsfelder See

Familienausflug zum Erholungsgebiet Karlsfelder See

DAUER	2h
LÄNGE	9,7 km
AUFSTIEG	40 hm
SCHWIERIGKEIT	LEICHT
MIT ÖFFIS ERREICHBAR	ja

Das erwartet dich ...

Am Karlsfelder See werden wir von einer großzügigen, kinderfreundlichen Erholungslandschaft empfangen, in der es neben einem riesigen Badesee und Spielplätzen sowie etlichen Wirtshäusern sogar einen Gehölzlehrpfad gibt.

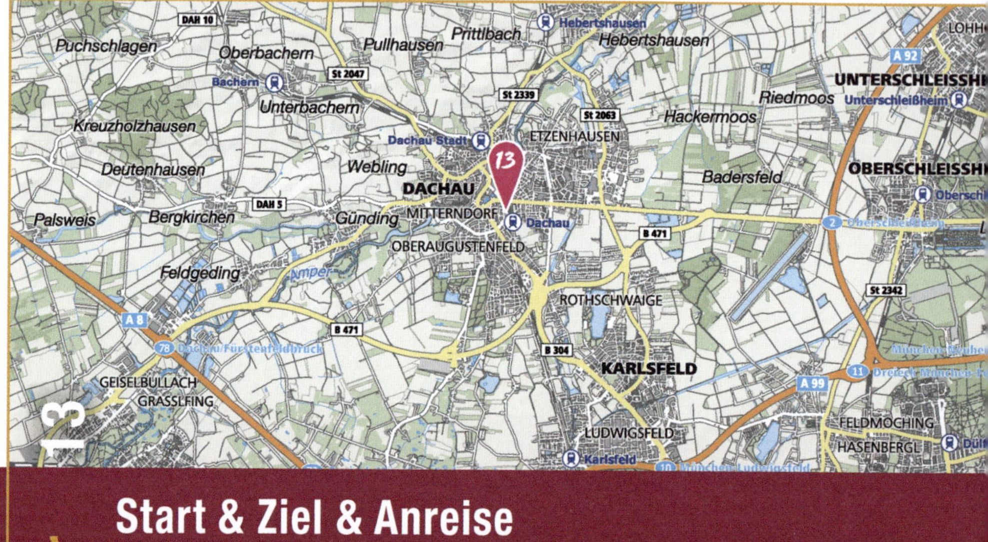

Start & Ziel & Anreise

Wir starten am Bahnhof in Dachau bzw. auf dem dortigen Park & Ride-Parkplatz. Mit dem Auto von München aus auf der B 304 nach Dachau. Nach der Anschlussstelle mit der B 471 rechts in die Wallbergstraße und weiter zur Augustenfelder Straße. Links einbiegen und weiter zum Park & Ride-Parkplatz beim Bahnhof Dachau. Mit der S-Bahn, Linie S2 München-Petershausen von München zum Bahnhof Dachau.

Tourenbeschreibung

Vom Park & Ride-Parkplatz beim Bahnhof Dachau wenden wir uns zur Obere Moosschwaigestraße entlang der Bahnlinie zur Augustenfelder Straße. Die Bahnunterführung lassen wir rechter Hand liegen und folgen der Augustenfelder Straße über die Brücke der Schnellstraße nach Rothschwaige, einem Stadtteil von Karlsfeld. Der linksseitige Weg an der dortigen Münchner Straße führt uns zum Sportpark Karlsfeld. Beim Trafohaus vor den Sportanlagen biegen wir links ein auf den Fuß- und Radweg und stoßen auf die Jahnstraße. Jetzt kurz nach links abbiegen und gleich wieder rechts zum Erich-Strobl-Rundweg am Karlsfelder See.

Wir wandern rechts um den See herum und erreichen den Volksfestplatz und Parkplatz. Davor lädt das Restaurant im Seehaus zum Verweilen ein. Ein kurzes Wegstück weiter steht am Badestrand das Gasthaus Seegarten und daneben das Haus der Wasserwacht. Wir gehen weiter auf dem Rundweg am Seeufer entlang, der bald zwischen dem Schallweiher und dem Karlsfelder See verläuft. Dort gibt es einen Gehölzlehrpfad, wo an 45 Bäumen und Sträuchern die jeweiligen Artenunterschiede gezeigt werden.

Direkt am Weg liegt der Froschweiher, gegenüber befinden sich die Toilettenanlagen. Der Rodelberg und ein großer Abenteuerspielplatz liegen am weiteren Weg, bevor wir schließlich zum Jugendhaus gelangen. Vor dem Jugendhaus halten wir uns rechts über den Parkplatz zur Jahnstraße. Dort biegen wir rechts ab und gehen auf den mit Dachau-Ost beschilderten Radweg bis zum nächsten linksseitigen Abzweig. Über das freie Feld erreichen wir die Grünlandstraße in Rothschwaige.

Unmittelbar hinter der Kanalbrücke wenden wir uns nach rechts und folgen der Grünlandstraße zur Münchner Straße. Nach rechts gehen wir unter der Straßenbrücke hindurch und wandern an der Augustenfelder Straße entlang zum Ausgangspunkt am Bahnhof zurück.

Auch die Enten genießen die Erfrischung

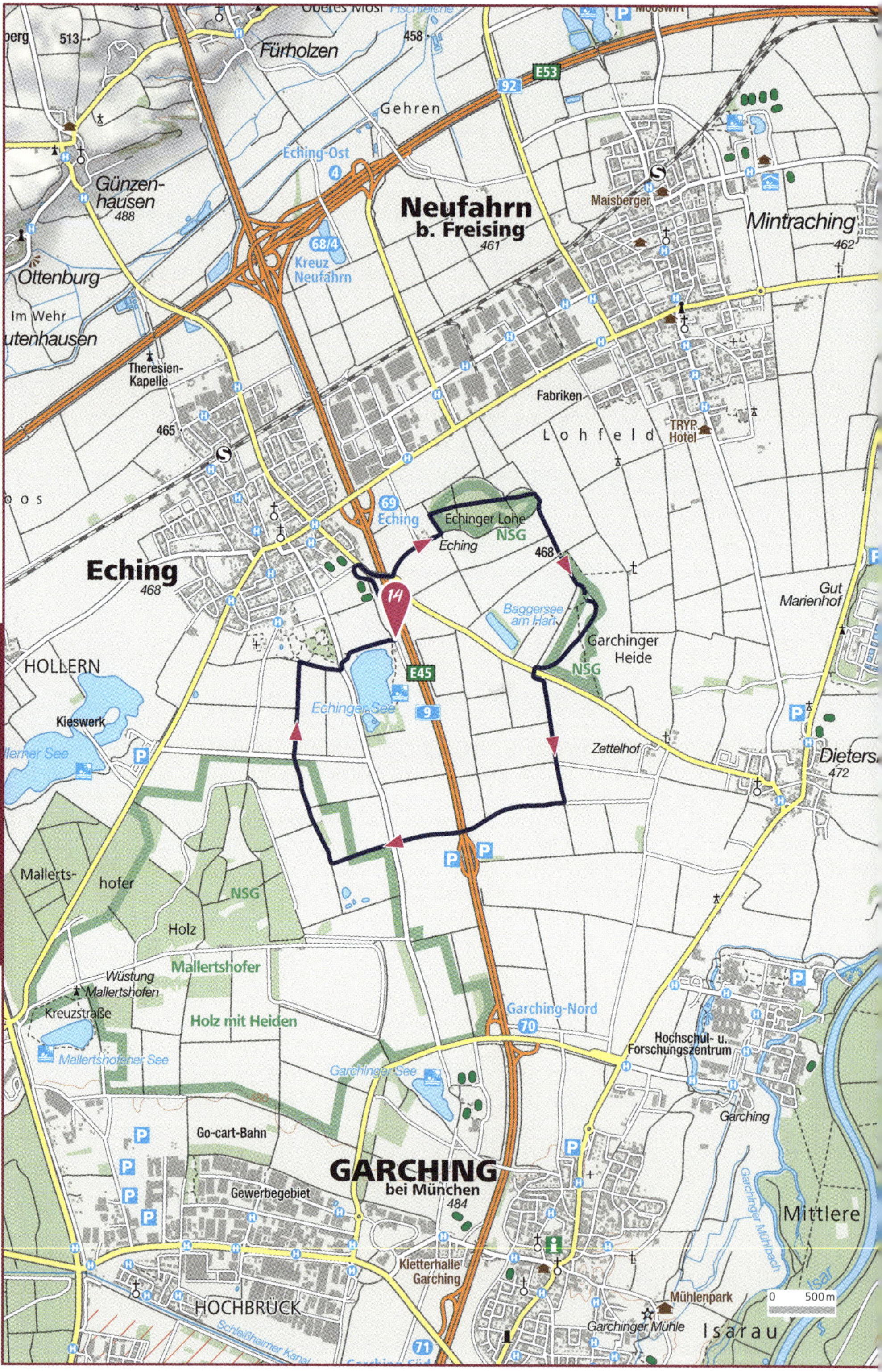
Fürholzen
Gehren
Eching-Ost
4
92
E53
Neufahrn
b. Freising
461
Maisberger
Mintraching
462
Günzen-
hausen
488
68/4
Kreuz
Neufahrn
Ottenburg
Im Wehr
Theresien-
Kapelle
Fabriken
Lohfeld
TRYP
Hotel
465
69
Eching
Echinger Lohe
NSG
Eching
468
14
Eching
468
Baggersee
am Hart
Garchinger
Heide
NSG
Gut
Marienhof
HOLLERN
E45
Kieswerk
Echinger See
9
Zettelhof
Dieters
472
Mallerts-
hofer
NSG
Holz
Wüstung
Mallertshofen
Mallertshofer
Holz mit Heiden
Kreuzstraße
Mallertshofener See
Garching-Nord
70
Hochschul- u.
Forschungszentrum
Garching
Garchinger See
Go-cart-Bahn
GARCHING
bei München
484
Gewerbegebiet
Garchinger Mühlbach
Mittlere
Kletterhalle
Garching
Mühlenpark
Garchinger Mühle
Isarau
Isar
HOCHBRÜCK
Schleißheimer Kanal
71
0
500 m
513
458

Genusstour 14

Zwei Naturschutzgebiete

Echinger Lohe und Garchinger Heide

DAUER	2h 30min
LÄNGE	9,5 km
AUFSTIEG	20 hm
SCHWIERIGKEIT	LEICHT
MIT ÖFFIS ERREICHBAR	ja

Das erwartet dich ...

Die Echinger Lohe, ein isoliertes 23,7 Hektar großes Waldstück, wurde im Jahr 1978 als eines der ersten Naturwaldreservate in Bayern ausgewiesen. Am schönsten ist die Garchinger Heide in der zweiten Aprilhälfte, wenn Küchenschellen und Adonisröschen blühen, die dort in der ursprünglich erhaltenen Heidelandschaft ihren angestammten Platz haben. Viele Pflanzen, wie der Stengellose Enzian oder der Backenklee, haben ihren Ursprung im Alpen- und Mittelmeerraum.

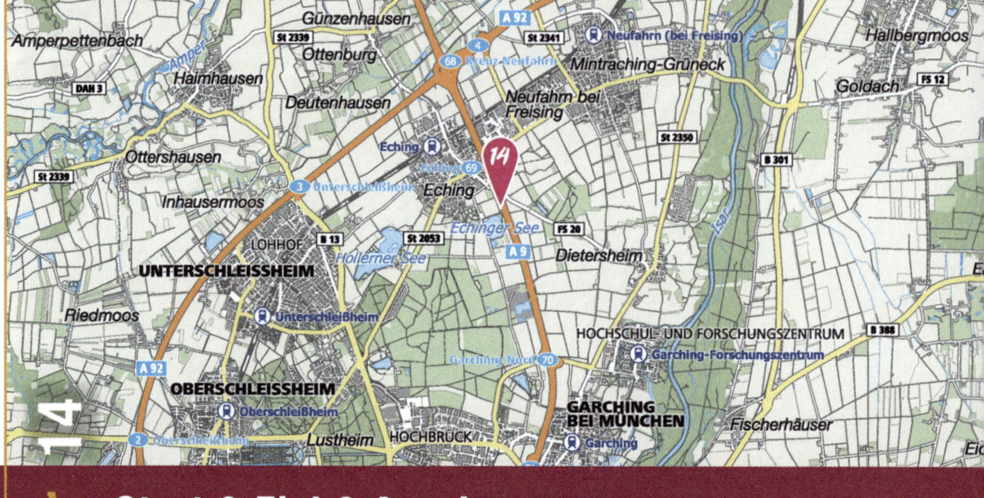

Genusstour 14

Start & Ziel & Anreise

Ausgangspunkt ist der Parkplatz am Echinger See. Mit dem Auto über die BAB A9 München–Nürnberg bis zur Ausfahrt 69 Eching, dann Richtung Eching abbiegen zur Unteren Hauptstraße. An der Ampelkreuzung links auf die Dietersheimer Straße. Vor der Autobahn rechts abbiegen auf den Hauptparkplatz am Echinger See. Mit der S-Bahn Linie S1 München-Flughafen/Freising zum Bahnhof Eching und weiter mit Bus Linie 695 zum Echinger See.

Tourenbeschreibung

Vom Parkplatz am Echinger See gehen wir vor zur Dietersheimer Straße und rechts über die Autobahnbrücke. Gleich links nehmen wir den Bruckfeldweg zum Gehöft. Am Waldrand beginnt das Naturschutzgebiet Echinger Lohe. Hier biegen wir links ab und bei der Hinweistafel nach rechts in das Naturwaldreservat hinein. Der Wald wurde bis in die Zeit nach dem Zweiten Weltkrieg intensiv genutzt. Der Name „Lohwald“ verrät schon, dass vor allem die Rinde der Eiche gewonnen wurde. Mit dieser „Lohrinde“ wurden Tierfelle zu Leder gegerbt.

Wir wandern quer durch den Wald und am anderen Ende auf den Weg rechts zum Eingang in das Naturschutzgebiet Garchinger Heide. Am Querweg gehen wir geradeaus. Auf dem mit Pflöcken markierten Heidepfad wandern wir durch die einmalige, ursprünglich erhaltene Trockenheide zu einem Gedenkstein, an Hügelgräbern entlang und am Rande eines ehemaligen Rollfelds am Gedenkstein für den Retter der Garchinger Heide, Dr. Franz Vollmann, vorbei und zum kleinen Parkplatz an der Kreisstraße.

Dort links abbiegen und gleich hinter der Kiesgrube nach rechts auf eine breite Kiesstraße einschwenken. Auf der Straße nun relativ monoton lange geradeaus bis zu einer Verzweigung. Dort rechts halten, nochmals über die Autobahn, am Kieswerk vorbei, dann eine Straße queren und dem Feldweg folgen. Bei der nächsten Einmündung halten wir uns rechts, kommen an einem Wäldchen vorbei und wieder zu einer Straße. Auch diese queren wir und auf einer Schlepperspur erreichen wir das Freizeitgelände am Echinger See. Dort rechts abbiegen, zum See hinüber und am Nordufer entlang zum Ausgangspunkt zurück.

Über weite Flur geht es entlang

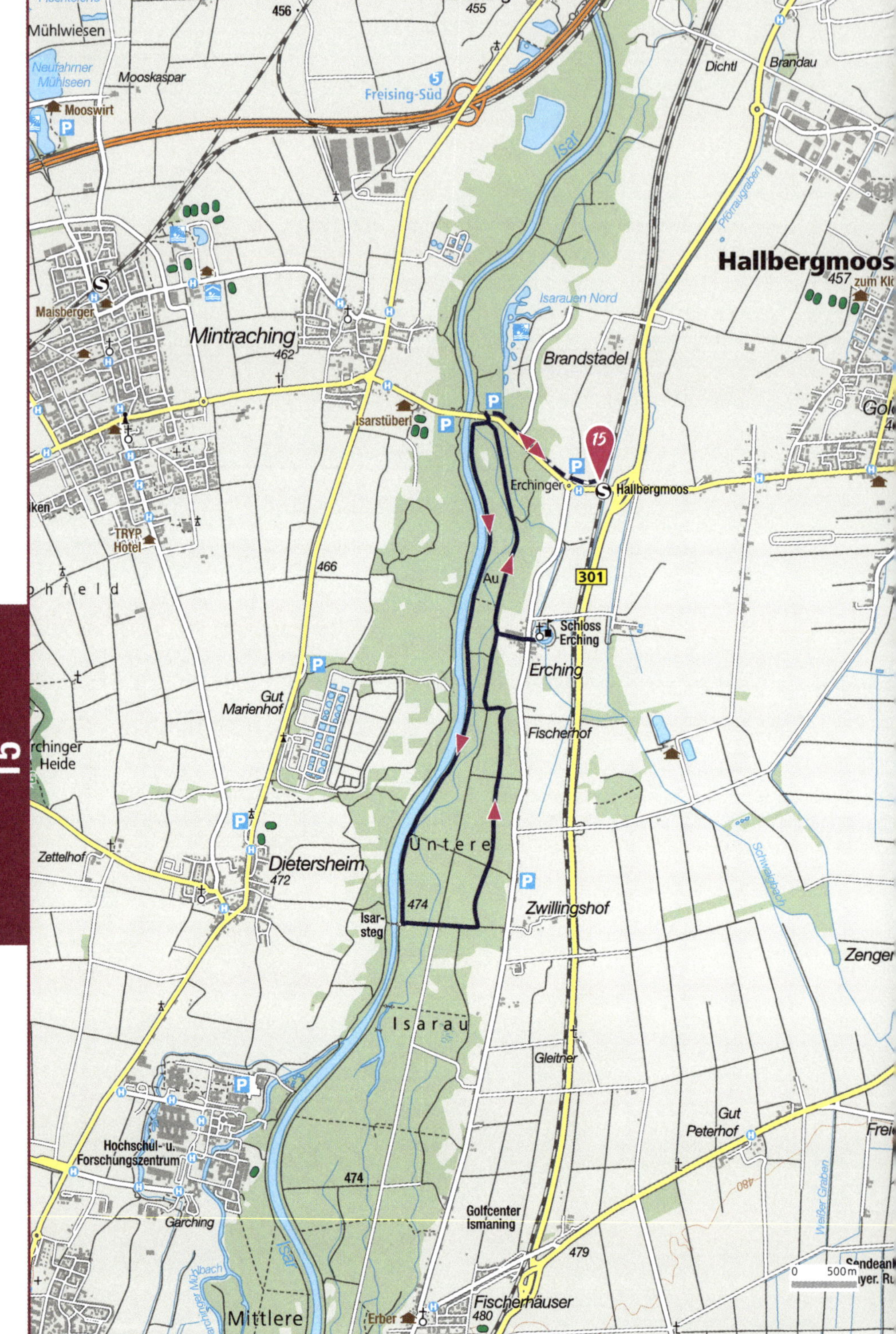
Fischteiche
Achering
455
456
Schredl
Mühlwiesen
Neufahrner Mühlseen
Mooskaspar
Freising-Süd
Dichtl
Brandau
Mooswirt
Isar
Pförraugraben
Hallbergmoos
457
zum Kl
Maisberger
Mintraching
462
Isarauen Nord
Brandstadel
Isarstüberl
15
Erchinger
Hallbergmoos
TRYP Hotel
466
Au
301
Schloss Erching
Erching
Gut Marienhof
rchinger Heide
Fischerhof
Zettelhof
Untere
Dietersheim
472
Zwillingshof
Schwaigbach
Isar-steg
474
Zenger
Isarau
Gleitner
Gut Peterhof
Hochschul- u. Forschungszentrum
474
480
Garching
Golfcenter Ismaning
479
Weißer Graben
Sendeanl
yer. Ru
0
500 m
Garchinger Mühlbach
Mittlere
Erber
Fischerhäuser
480

Tour 15

15 Flusstour

Erchinger Au

Spaziergang durch die Isarauen mit Abstecher zum Schloss Erching

DAUER	3h 15min
LÄNGE	11,5 km
AUFSTIEG	20 hm
SCHWIERIGKEIT	LEICHT
MIT ÖFFIS ERREICHBAR	ja

Das erwartet dich ...

Wer sich normalerweise nur in den Gefilden südlich der Landeshauptstadt aufhält, wird überrascht sein, welch schöne Winkel der als weniger attraktiv geltende Norden zu bieten hat. Ein richtiges Kleinod sind die Isarauen beim Schloss Erching zwischen Hallbergmoos und Ismaning, ein Dorado für Spaziergänger und Radfahrer.

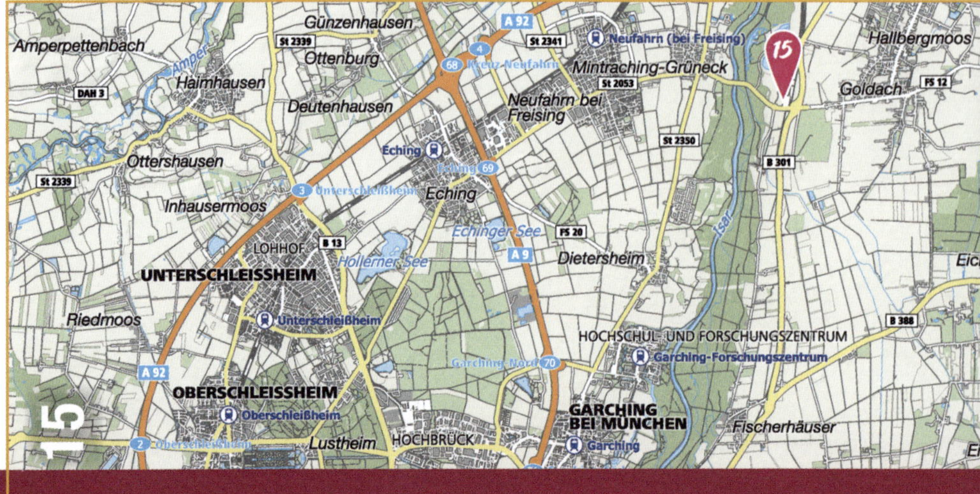

15 Flusstour

Start & Ziel & Anreise

Ausgangspunkt ist der Park & Ride-Parkplatz am S-Bahnhof Hallbergmoos. Mit dem Auto auf der BAB A9 München–Nürnberg bis Ausfahrt 71 Garching-Süd. Auf der B471 Richtung Ismaning. Von der B471 auf die B388 Richtung Erding abbiegen, dann auf die B301 Richtung Freising bis Ausfahrt Hallbergmoos. Hier Richtung Neufahrn und zum Parkplatz beim S-Bahnhof Hallbergmoos. Mit der S-Bahn Linie S8 von München Richtung Flughafen zum S-Bahnhof Hallbergmoos.

Tourenbeschreibung

Vom Park & Ride-Parkplatz beim S-Bahnhof Hallbergmoos folgen wir dem Rad- und Fußweg zum Kreisverkehr. Dort rechts auf den separaten Weg entlang der Grünecker Straße durch den Wald Richtung Neufahrn bis zur Zufahrt zum Parkplatz rechts unten am Isarufer. Hier gehen wir unter der Bundesstraße hindurch und wandern am Isarufer auf einem schönen breiten Wanderweg die Isar flussaufwärts zur Pegelanlage mit dem Betriebsgebäude. Der Weg schwingt sich in leichten Kehren locker durch den herrlichen Auwald und stößt schließlich auf den Isarsteg zwischen Dietersheim und Zwillingshof.

Dort links abbiegen und auf einem Forstweg über die Brücke am Schörgenbach, aber noch vor der Autostraße wieder links abzweigen und dem Wegweiser zum Parkplatz Zwillingshof folgen. Auf einem Forststräßchen nun lange geradeaus, bis man nur noch links oder rechts weiter kann. Wir entscheiden uns für links und beim nächsten Querweg unter der Stromleitung rechts abbiegen. Nun unter der Hochspannungsleitung weiter bis der Damm erreicht ist. Auf der Fahrspur geht es rechts nach Erching hinein.

Der Zugang zum privaten Schloss Erching ist uns leider nicht gestattet, aber ein paar verstohlene Blicke auf den Schlossweiher, den schönen Park und das herrschaftliche Haus kann man von der Straße aus riskieren. Es ist im Besitz der Familie Selmayr. Josef Selmayr, Ziegeleibesitzer und letzter Bürgermeister der ehemaligen Gemeinde Bogenhausen, kaufte damals das Schlossgut Erching.

Auf gleichem Weg geht es an den Wald zurück und rechts unter der Stromleitung neben dem Damm zur Straßenbrücke, die die Isar überspannt. Wir gehen die Parkplatzzufahrt hinunter und unter der Brücke hindurch, dann wieder hinauf zum Fuß- und Radweg, der uns parallel zur Staatsstraße zum Ausgangspunkt zurückbringt.

Autoren Tipp

Da wir schon in Hallbergmoos sind, ist es mit der S-Bahn Linie S8 oder mit dem Auto zum Besucherpark am Flughafen München nicht mehr weit. Dort gibt es einen Erlebnisspielplatz und eine interaktive Ausstellung. Die ausgestellten historischen Flugzeuge sind nicht zugänglich. Aber vom 28 m hohen Besucherhügel hat man einen einmaligen Blick auf die Start- und Landebahnen des Flughafens.

16

HOHENBACHERN
VÖTTING
Heimatmuseum
Diözesanmus. f. chr. Kunst
Dom
16
WEIHENSTEPHAN
Lerner
Bayerische Staatsbrauerei Weihenstephan
DAV-Kletterzentrum Freising
480
Fischteiche
FREISING
443
LERCH
Pellhausen
Gartelshausen
Moosach
Lohmühlbach
Schleiferbach
E53
92
Freisinger
Pförrerhof
Glöckerlalm
Moosgraben
450
Obere
Isarauen
7 Freising-Mitte
Dürneck
Pulling
Eggertshofen
Moos
Mooswiesen
Offroad-Trainingsplatz
Kammermüllerhof
Fischteiche
Erdskulptur Insel für die Zeit
Besucherpark
6 Dreieck Flughafen München F.-J.-Strauß
Brunnenwiesen
Augusburgerhof
Achering
455
Schredl
456
Dichtl
Brandau
5 Freising-Süd
Isar
Pförraugraben
Hallbergmoos
457
zum Klösterl
Isarauen Nord
Mintraching
462
Brandstadel
Goldach
Goldach
462
0 500 m

16

Flusstour

Obere Isarauen

Durch die oberen Isarauen bei Freising

DAUER	3h
LÄNGE	11,2 km
AUFSTIEG	50 hm
SCHWIERIGKEIT	LEICHT
MIT ÖFFIS ERREICHBAR	ja

Das erwartet dich ...

Diese Flusswanderung im geschützten Auwald der oberen Isarauen, zwischen Freising und Dietersheim, mit seiner unberührten Artenvielfalt, verspricht ein Landschaftserlebnis vom Feinsten. Einkehren können wir in zahlreichen Gasthäusern in Freising und auch in Grüneck in der Sportgaststätte.

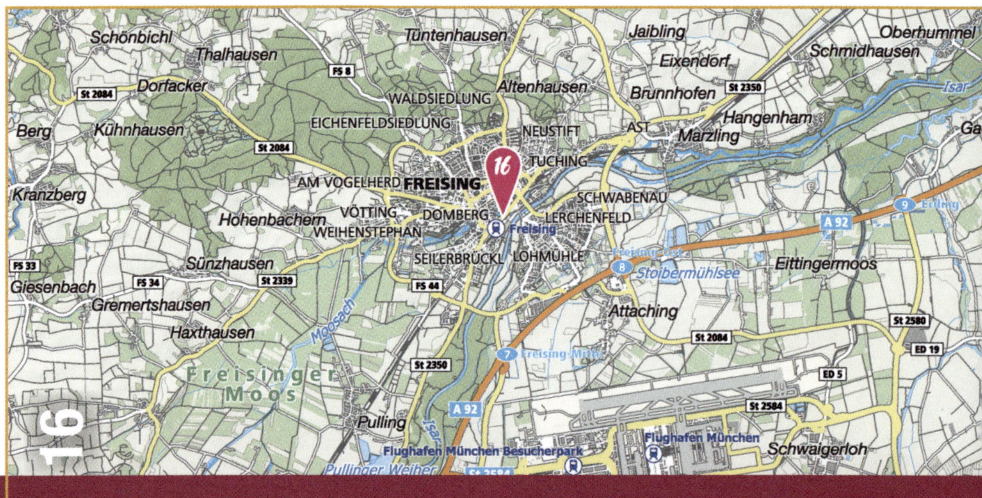

Start & Ziel & Anreise

Ausgangspunkt ist der Park & Ride-Parkplatz beim Bahnhof Freising. Mit dem Auto auf der BAB A92 München–Deggendorf bis Ausfahrt 8 Freising-Ost, dann auf der B301 Richtung Freising-Zentrum zum Park & Ride-Parkplatz an der Luitpoldstraße. Mit der S-Bahn Linie S1 München-Flughafen/Freising zum S-Bahnhof Freising oder mit den Regionalzügen von München.

Tourenbeschreibung

Am Parkplatz auf der Isarseite des Bahnhofs Freising gehen wir zunächst zu seinem äußersten Südende und dort nach links den markierten Weg zu den Isarauen. An einem malerischen Teich vorbei und mit Rückblick auf den Domberg von Freising erreichen wir kurz darauf den Weg auf dem Damm an der Isar. Flussaufwärts durch die urwaldartigen Auen mit vielen Laubbäumen, Büschen und Blumen kommen wir zu einer Straßenbrücke. Nach links unterqueren wir die Brücke und wandern nun direkt neben der „wilden" Isar. Der Weg führt an den sanft geschwungenen Ufern entlang. Ungestört und gemütlich kann man hier die Natur genießen. Das Rauschen kommt von den künstlich angelegten Stromschnellen in der Isar kurz vor der Brücke bei Achering. Wer einkehren will, kann hier einen Abstecher von etwa 300 Metern zum Gasthaus Schredl machen. Dazu von der Brücke nach rechts, den Weg „Zur Isar" zur Staatsstraße folgen und schräg links zum Gasthaus.

Ansonsten an der Brücke geradeaus die Straße überqueren und bequem flussaufwärts weiterwandern. Die nächste Stromschnelle ist bereits zu hören. Kurz darauf wird die Idylle etwas gestört: Autobahn und Eisenbahn queren auf Brücken die Route. Dass der Flughafen nicht fern ist, sieht man an den bereits tief fliegenden Flugzeugen. Doch etwas später haben wir die ruhige Auenlandschaft mit ihrer reichen Flora zurück. Wir ignorieren die Abzweigung rechts nach Mintraching und wandern zur Straßenbrücke bei Grüneck. Der Weg führt rechts hinauf. Weiter rechts, etwa 200 m nach Grüneck, liegt das Sportgelände des FC Mintraching und die Sportgaststätte. Hier ist der Wendepunkt unserer Wanderung erreicht.

Der Rückweg nach Freising erfolgt auf derselben Route. Alternativ wandert man über die Straßenbrücke der Isar, links hinunter zum Ufer und auf der anderen Seite der Isar flussabwärts nach Freising. An der Korbiniansbrücke mit den Heiligenfiguren queren wir nochmals die Isar und gehen dann links zurück zum Bahnhof Freising.

Immer wieder blitzt die Isar durch

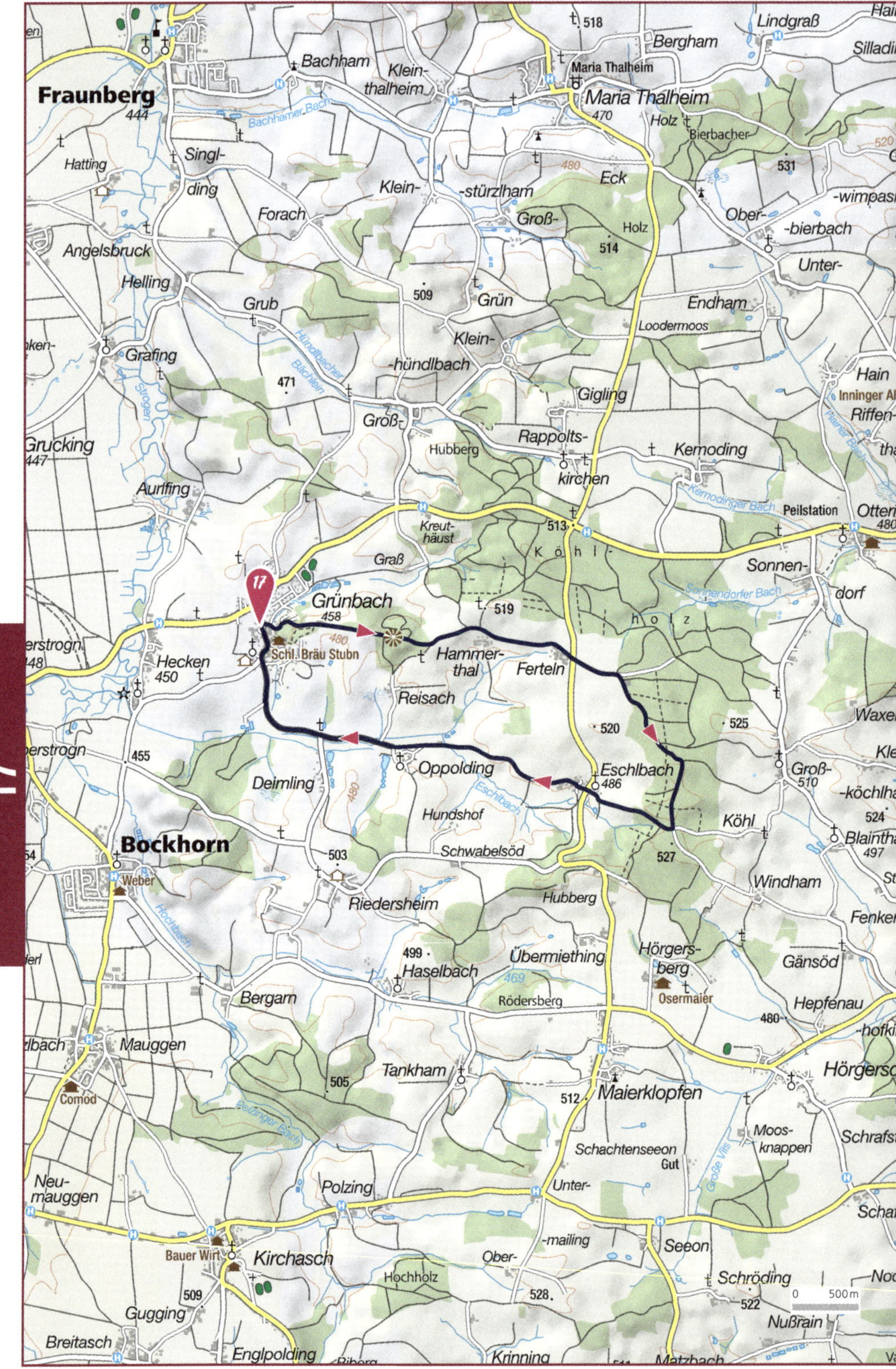

17
Fraunberg
444
Bachham
Klein-
thalheim
Bachhamer Bach
Maria Thalheim
Maria Thalheim
470
Lindgraß
Bergham
518
Holz
Bierbacher
531
520
Hatting
Singl-
ding
Forach
Klein-
-stürzlham
Groß-
480
Eck
Holz
514
Ober-
-bierbach
-wimpasi
Unter-
Angelsbruck
Helling
Grub
509
Grün
Endham
Loodermoos
Grafing
Klein-
-hündlbach
Hündlbacher Bächlein
471
Strogen
Groß-
Gigling
Hain
Inninger Al
Riffen-
Grucking
447
Hubberg
Rappolts-
kirchen
Kemoding
Kemodinger Bach
Aufing
Kreut-
häust
513
Peilstation
Otteri
480
Graß
K ö h l
Sonnen-
dorf
Sonnendorfer Bach
17
Grünbach
458
480
519
h o l z
Hecken
450
Schl. Bräu Stubn
Hammer-
thal
Ferteln
Reisach
520
525
Waxer
455
Oppolding
Eschlbach
486
Groß-
510
-köchlha
Deimling
480
Eschlbach
Hundshof
Köhl
524
Blaintha
497
Bockhorn
503
Schwabelsöd
527
Weber
Hochbach
Riedersheim
Windham
Hubberg
Fenker
499
Haselbach
Übermiething
469
Hörgers-
berg
Osermaier
Gänsöd
Bergarn
Rödersberg
480
Hepfenau
Mauggen
Comod
505
Tankham
512
Maierklopfen
Hörgersd
Peitzinger Bach
Schachtenseeon
Gut
Moos-
knappen
Schrafst
Neu-
mauggen
Polzing
Unter-
-mailing
Große Vils
Seeon
Bauer Wirt
Kirchasch
Ober-
Hochholz
509
528
Schröding
522
0 500 m
Gugging
Nußrain
Breitasch
Englpolding
Krinning
Matzbach

Grünbach – Eschlbach

Genusswanderung im Erdinger Hinterland

DAUER	2h 15min
LÄNGE	8,3 km
AUFSTIEG	80 hm
SCHWIERIGKEIT	LEICHT
MIT ÖFFIS ERREICHBAR	nein

Das erwartet dich ...

Nein, hinter Erding ist die Welt nicht zu Ende, aber es geht in diesem schönen Winkel ruhiger zu. Sehr ruhig sogar, fast ein bisserl verschlafen schaut es dort aus. Aber das wünschen wir uns: Eine Landschaft zum Erholen! Und genau die finden wir auf dieser beschaulichen Rundwanderung. Gut für die Seele. Und damit auch der Leib nicht zu kurz kommt, denn der muss bekanntlich mit der Seele zusammengehalten werden, gibt es im Bräustüberl am Ausgangs- und Endpunkt der Wanderung den richtigen „Kitt" dazu.

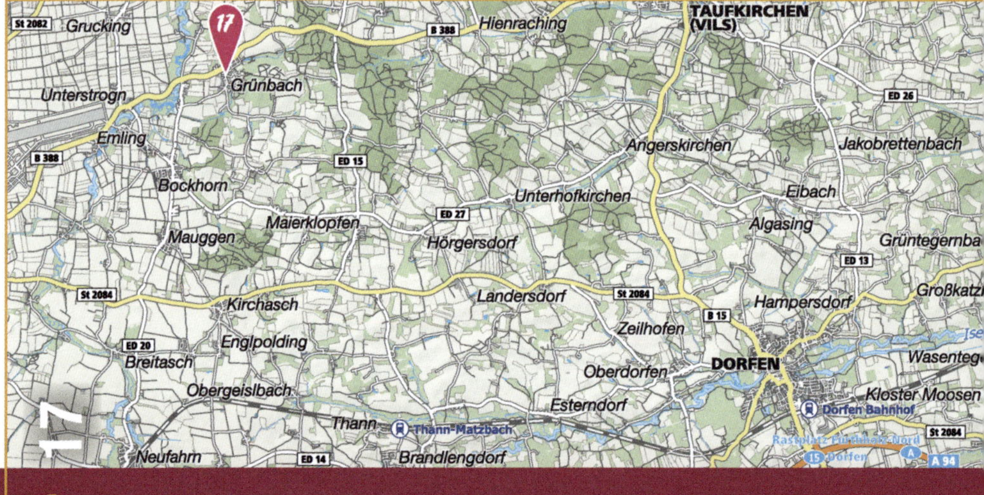

Genusstour 17

Start & Ziel & Anreise

Los geht es in Grünbach bei Erding auf dem Parkplatz bei der Schlossbrauerei Grünbach. Mit dem Auto auf der BAB A94 München–Passau bis Ausfahrt 13 Pastetten. Dort auf der St 2331 Richtung Hörlkofen und Erding. An der B 388 rechts Richtung Taufkirchen (Vils) bis Grünbach. In die Graf-Seinsheim-Straße abbiegen bis zur Schlossbrauerei Grünbach.

Tourenbeschreibung

Bei der Schlossbrauerei Grünbach gehen wir von der Graf-Seinsheim-Straße zum Kellerberg. Dort steigt der Fahrweg mit 13 % Steigung durch den Wald neben dem Schlosspark zum Golfplatz an. Eine schmale Straße führt über den Golfplatz auf einem bewaldeten Höhenzug weiter und gibt immer wieder großartige Ausblicke frei. Im weiteren Verlauf kommen wir aus dem Wald heraus und folgen dem Sträßchen, das sich ein wenig abwärts nach Hammerthal schlängelt. In den Weiler kommt man nicht hinein, da der Fahrweg an ihm vorbei und zur Siedlung Ferteln führt.

Gleich dahinter erreichen wir die Kreisstraße ED 15, queren diese und folgen einem Feldweg bis zum Waldrand. Dort dreht der Rundweg rechts ab, den Waldsaum entlang und später in den Wald hinein. Im Köhlholz geht es nun ein wenig aufwärts, bis das Sträßchen hinter der höchsten Stelle der Rundwanderung auf 527 Meter Höhe auf eine schmale, asphaltierte Straße stößt. Auf diese biegen wir rechts ein, folgen ihr in sanftem Gefälle und erreichen die verträumte Siedlung Eschlbach mit der schönen Kirche Mariä Geburt. Die Kirche ist eine der bekanntesten Rokokokirchen im Landkreis Erding.

Wir queren die Durchgangsstraße und gehen auf einem Sträßchen an den letzten Häusern von Eschlbach vorbei über freies Feld nach Oppolding. Dort gibt es die Kirche St. Johannes der Täufer mit reichen Stuckarbeiten aus dem Rokoko. Entlang des Hammerthaler Bächleins wandern wir durch eine lang gezogene Rechtskurve nach Grünbach zurück.

Die mit schönen Birken gesäumte Graf-Seinsheim-Straße führt uns zur Kirche St. Andreas und zum Schloss Grünbach. Das Schloss wurde im Jahr 1581 erbaut und noch einmal im Jahr 1718 im barocken Stil umgebaut.1847 fand wiederum eine Umgestaltung zu einem landwirtschaftlichen Gut statt. Gleich dahinter liegt die Schlossbrauerei Grünbach, unser Ausgangspunkt. Auch die Schlossbrauerei hat eine lange Geschichte und es wird vermutet, dass seit der Ansiedlung von Franziskanermönchen um 1500 hier Bier gebraut wird. Im Moment ist die Brauerei in Besitz von Arcobräu, die auf alte Braukunst setzt und die Weißbier-Manufaktur in der Grünbacher Schlossbrauerei ins Leben gerufen hat.

Autoren Tipp

Auf dem Rückweg können wir in Deimling einen kurzen Abstecher zum Big Bonsai machen, ein Kunstwerk von Sculptor Arborum. Der Baum kann als etwas überdimensionierter Bonsai bezeichnet werden. Der Künstler wendet die aus Japan stammende Niwaki-Kunst an und das nicht an jungen Bäumen, wie klassischerweise, sondern an bereits erwachsenen Bäumen. Weitere Infos dazu gibt es auf der Webseite: www.sculptorarborum.de

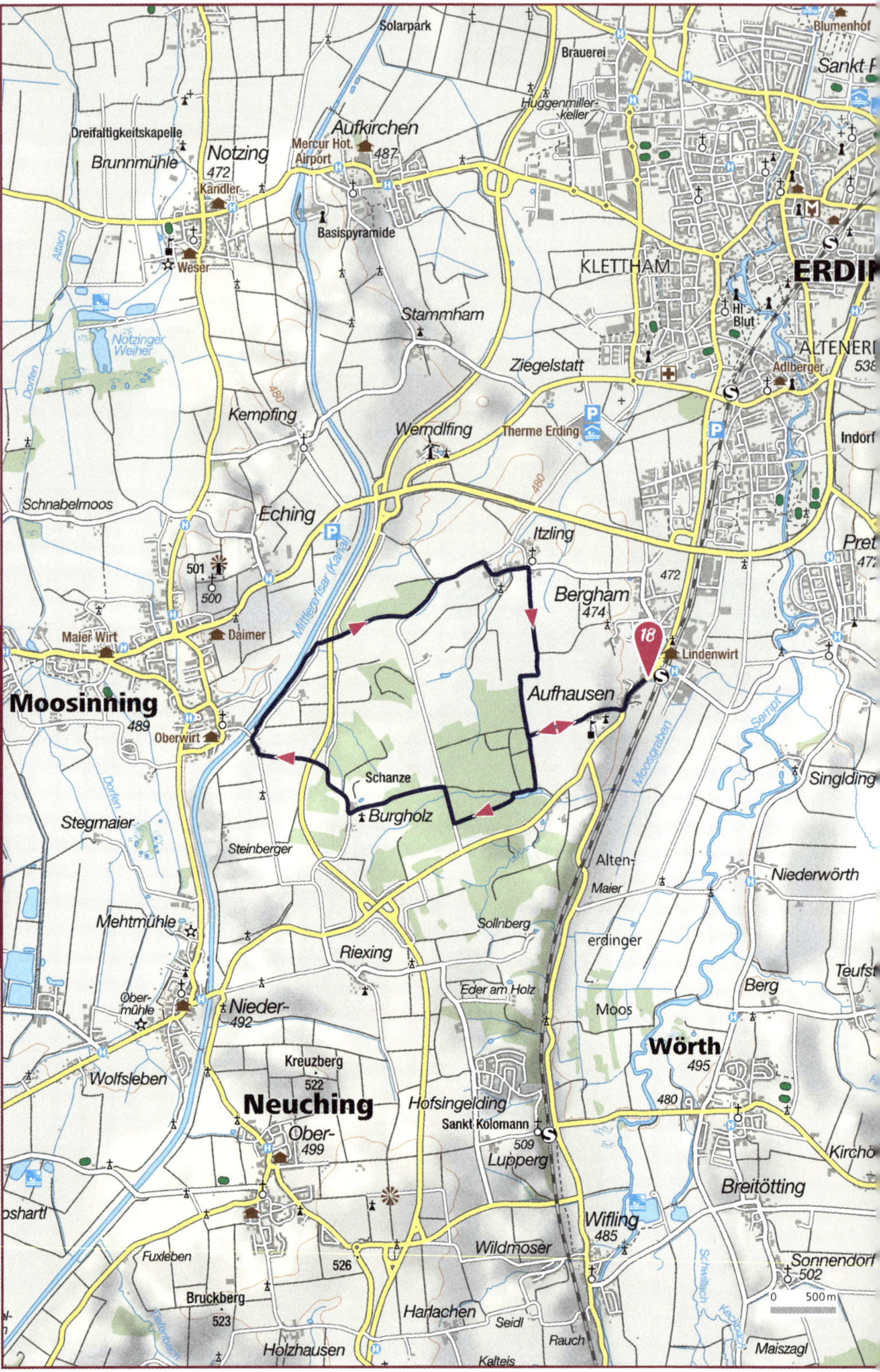

Solarpark
Brauerei
Blumenhof
Sankt P
Huggenmiller-keller
Dreifaltigkeitskapelle
Brunnmühle
Notzing
472
Kandler
Mercur Hot. Airport
Aufkirchen
487
Basispyramide
Weser
Altach
Notzinger Weiher
Dorfen
KLETTHAM
ERDI
Hl. Blut
ALTENERI
538
Adlberger
Stammham
Ziegelstatt
480
Kempfing
Wemdlfing
Therme Erding
Indorf
Schnabelmoos
Eching
Mittlere Isar (Kanal)
Itzling
Pret
472
501
500
Bergham
474
472
Maier Wirt
Daimer
18
Lindenwirt
Moosinning
489
Oberwirt
Aufhausen
Sempt
Moosgraben
Singlding
Schanze
Burgholz
Stegmaier
Dorfen
Steinberger
Alten-
Maier
Niederwörth
Mehtmühle
Sollnberg
erdinger
Riexing
Ober-mühle
Nieder-
492
Eder am Holz
Moos
Berg
Teufst
Wörth
495
Wolfsleben
Kreuzberg
522
Neuching
Ober-
499
Hofsingelding
Sankt Kolomann
509
Lupperg
480
Kirchö
Breitötting
oshartl
Wifling
485
Wildmoser
Fuxleben
526
Sonnendorf
502
Bruckberg
523
Harlachen
Seidl
Schwillach
0 500 m
Holzhausen
Rauch
Kalteis
Maiszagl

Moosinning und Erding

Zum Aufhauser Schloss südlich des Erdinger Mooses

DAUER	2h 15min
LÄNGE	9,8 km
AUFSTIEG	50 hm
SCHWIERIGKEIT	LEICHT
MIT ÖFFIS ERREICHBAR	ja

Das erwartet dich ...

Zwischen Moosinning und Erding, am Rande des Erdinger Mooses, ist das Gelände fast eben. Deshalb verlangt diese Wanderung, auch wenn sie fast 10 km lang ist, keine besondere Anstrengung. Trotzdem ist sie nicht langweilig, denn tiefe Wälder, Teiche und freies Feld wechseln sich ab. Einkehren können wir in Aufhausen beim Lindenwirt oder in Moosinnig beim Oberwirt an der Kirche.

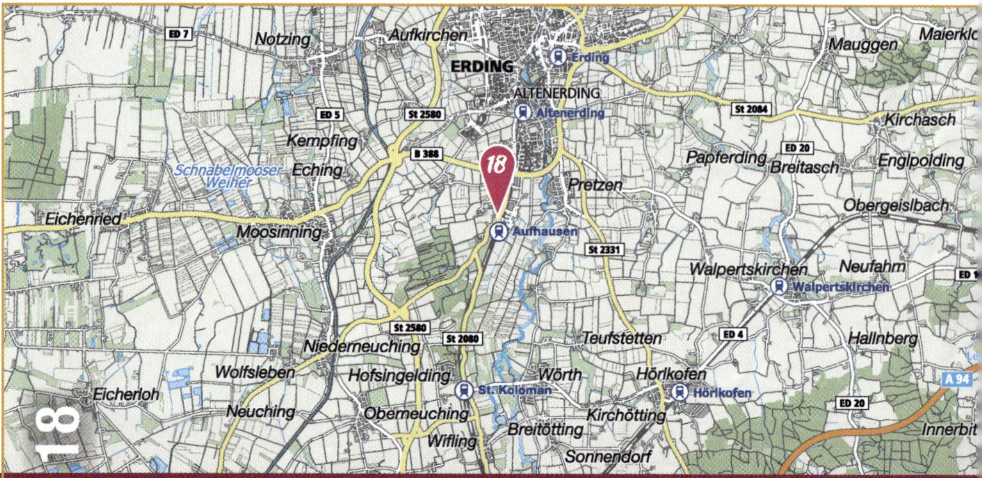

Start & Ziel & Anreise

Es geht los in Erding am S-Bahnhof Aufhausen. Mit dem Auto auf der BAB A94 München–Passau bis zur Ausfahrt 9b Markt Schwaben. Auf der Staatsstraße St2580, der Flughafentangente, Richtung Erding bis zur Ausfahrt Neuching. Dort nach Aufhausen abbiegen. Unser Ausgangspunkt ist der Park & Ride-Parkplatz beim Bahnhof Aufhausen. Mit der S-Bahn Linie S2 von München nach Erding bis zum S-Bahnhof Aufhausen.

Tourenbeschreibung

Vom S-Bahnhof Aufhausen gehen wir den schmalen Fußweg zur Bushaltestelle an der Schlossallee. Neben ihr gehen wir links Richtung Schloss, am Hotel vorbei und gleich danach nach rechts auf eine Privatstraße zum schmucken Hotel Schloss Aufhausen. Das Schloss hat eine lange Geschichte und „Ufhusa" wurde im Jahr 788 n. Chr. das erste Mal erwähnt, als ein Herrenhof an das Kloster Mondsee geschenkt wurde. Die Errichtung des eigentlichen Schlosses begann jedoch erst im Jahr 1596 in Auftrag des Münchner Bürgermeisters.

Es geht weiter geradeaus und durch die Allee kommen wir zum Wäldchen. Dort gehen wir links weiter bis zu den Fischteichen. Am Querweg gehen wir nach rechts und folgen dem Fahrweg, bis links die Brücke zwischen den Fischteichen über den Hutgraben kommt. Jetzt über die Brücke und dann nach rechts, auf schmalem Pfad schnurgerade bis zum Naturkindergarten der Erdinger Mooswichtel. Dort rechts und wieder über den Hutgraben. Nach einem kurzen Wegstück nehmen wir links den schmalen Weg zum Weiler Burgholz. Am Ende des Weilers wandern wir rechts über die Straßenbrücke zur Kirchstraße nach Moosinning.

Vor dem Mittleren Isar-Kanal führt die Wanderung rechts auf dem Sträßchen Zum Schloßloh am Kanal entlang, über die Brücke der Flughafentangente, nach Itzling. An der ersten Querstraße im Ort biegen wir rechts ein und erreichen die Kirche St. Vitus. Vor den Häusern bei der Kirche gehen wir rechts den Feldweg auf die Felder hinaus.

Wir stoßen auf einen Querweg, spazieren nach rechts und gleich wieder nach links am Waldsaum entlang bis zur Allee von Schloss Aufhausen. Linker Hand gehen wir zum Schloss und weiter auf der Straße zurück zum Bahnhof Aufhausen, unserem Ausgangspunkt.

Die mittlere Isar bei Moosinning

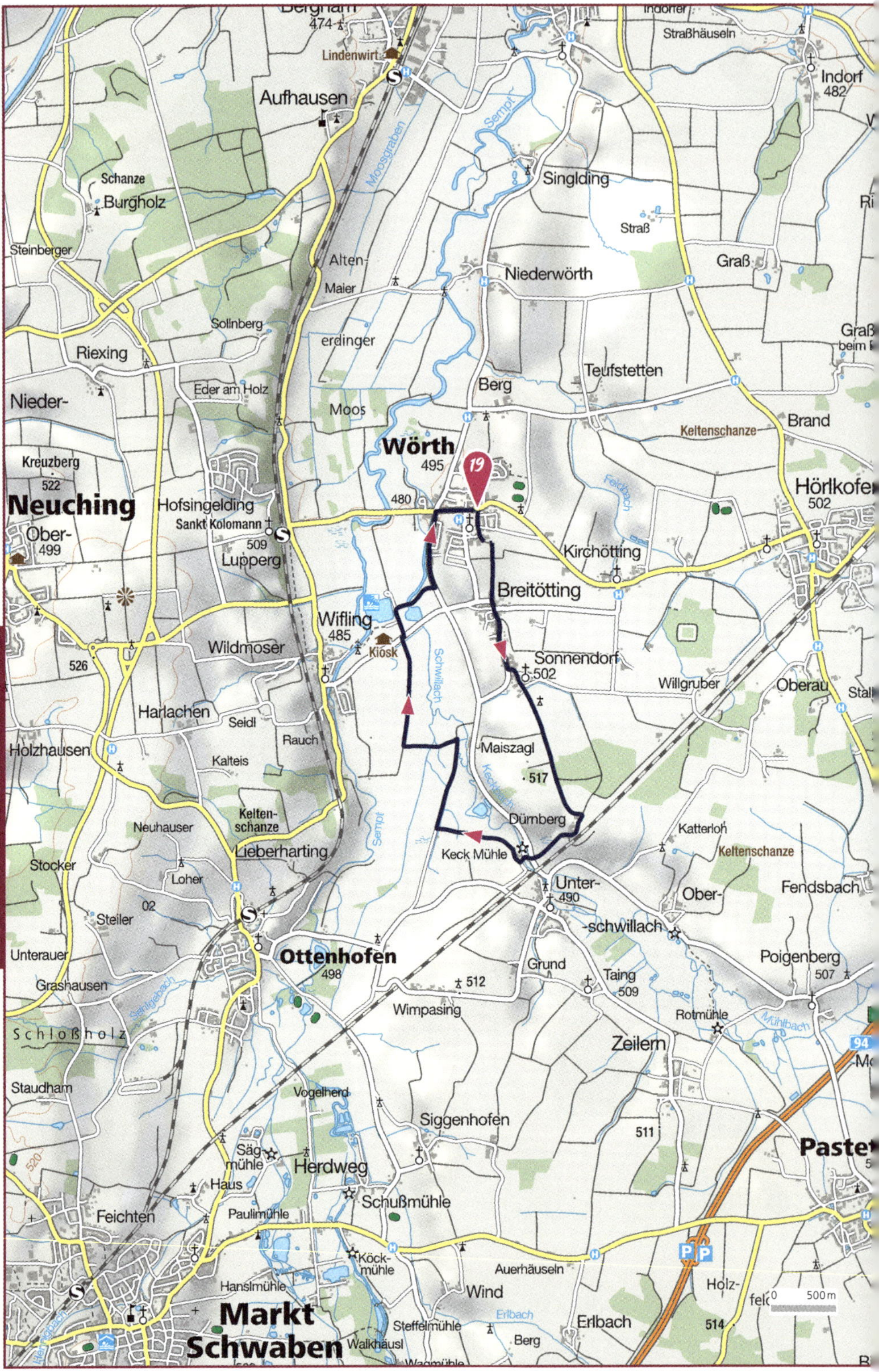

19

Aufhausen
Lindenwirt
Schanze
Burgholz
Steinberger
Sollnberg
Riexing
Eder am Holz
Nieder-
Kreuzberg
522
Neuching
Ober-
499
Hofsingelding
Sankt Kolomann
509
Lupperg
Alten-
Maier
erdinger
Moos
Moosgraben
Sempt
Singlding
Straß
Niederwörth
Graß
Berg
Teufstetten
Brand
Keltenschanze
Wörth
495
480
19
Feldbach
Hörlkofen
502
Kirchötting
Breitötting
Wifling
485
Kiosk
Schwillach
Sonnendorf
502
Willgruber
Oberau
526
Wildmoser
Harlachen
Seidl
Rauch
Holzhausen
Kalteis
Maiszagl
517
Keckbach
Dürnberg
Katterloh
Keltenschanze
Neuhauser
Kelten-
schanze
Lieberharting
Keck Mühle
Stocker
Loher
02
Steiler
Unter-
490
Ober-
-schwillach
Fendsbach
Unterauer
Grashausen
Ottenhofen
498
Grund
Taing
509
Poigenberg
507
512
Wimpasing
Rotmühle
Mühlbach
Zeilern
Sempt
Schloßholz
Senigebach
Staudham
Vogelherd
Siggenhofen
511
Pastetten
Säg-
mühle
Herdweg
Haus
Schußmühle
Feichten
Paulimühle
Köck-
mühle
Auerhäuseln
Hanslmühle
Wind
Holz-
0 500 m
Markt
Schwaben
Steffelmühle
Erlbach
Erlbach
514
Walkhäusl
Berg
94

Tour 19

19 Seetour

Wiflinger Weiher

Vom kargen Kiesweiher zum beliebten Badesee

DAUER	1h 45min
LÄNGE	7,7 km
AUFSTIEG	80 hm
SCHWIERIGKEIT	LEICHT
MIT ÖFFIS ERREICHBAR	nein

Das erwartet dich ...

Zwischen der Sempt und der Schwillach im Süden von Erding ist die Landschaft eben. Für Wanderer, die es gemütlich angehen lassen und die trotzdem etwas von der Gegend sehen wollen also das richtige Terrain. Und am Wiflinger Weiher, der auch als Wörther Weiher bekannt ist, gibt es tolles Badevergnügen gratis und einen Kiosk mit Biergarten.

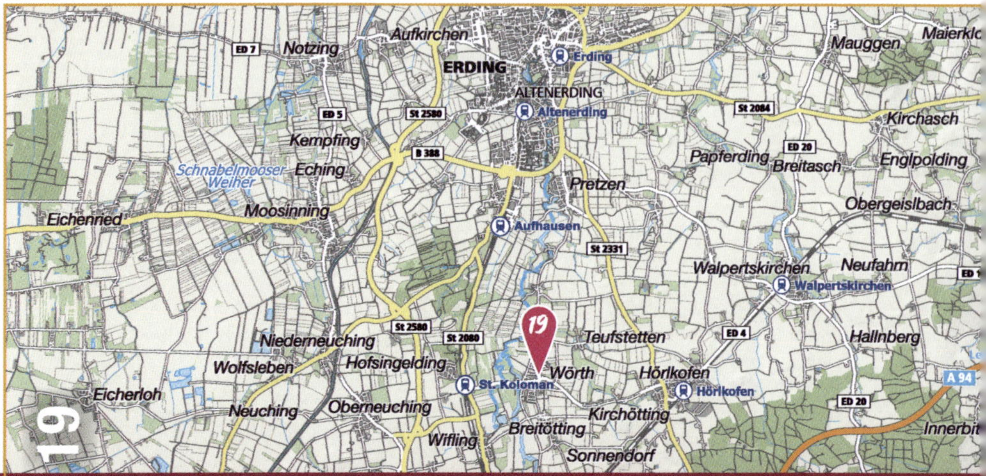

19

Seetour

Start & Ziel & Anreise

Wir starten in Wörth am Parkplatz am Platzl. Mit dem Auto auf der BAB A94 München–Passau bis zur Ausfahrt 9b Markt Schwaben. Auf der Flughafentangente St2580 Richtung Erding bis zur Ausfahrt Neuching. Links abbiegen Richtung Wörth bis an die St2088. Dort links nach Sankt Koloman ist auch der S-Bahnhof der S-Bahnlinie S2 München-Erding. Beim Bahnhof rechts nach Wörth zur Kirche St. Petrus zum Parkplatz am Platzl.

Tourenbeschreibung

Wir starten in Wörth direkt neben dem Maibaum und bei der Bushaltestelle beim großen Dorfplatz Am Platzl. Von dort gehen wir auf der Pfarrer-Ostermayr-Straße geradeaus auf den Georgenweg und den Schulgebäuden zu. Am Sportplatz links vorbei und hinter dem Kindergarten bis zu einem Feldweg. Auf diesen biegen wir rechts ein und gehen unter der Hochspannungsleitung durch in die Ortschaft Breitötting.

Der Länge nach schlendern wir durch das Dorf, das fast nahtlos in die Ortschaft Sonnendorf übergeht. In Sonnendorf zweigt kurz vor einer Gefällstrecke nach links eine Straße ab, auf der wir zur kleinen, alten Dorfkirche St. Martin gehen. Jetzt geht es aus dem Dorf hinaus leicht bergan zum Keckberg und am Waldsaum entlang zu ein paar schönen, sonnigen Rastplätzen mit freiem Alpenblick. Neben einem Stadel drehen wir rechts ab und kommen in das Dorf Dürnberg, das wir durchqueren. Anschließend gehen wir neben dem hohen Bahndamm hinunter über die Schwillach zur Keckmühle.

Vor den Gebäuden biegen wir links ab und gehen über den Bach, dann rechts auf den Weg über die Mooswiesen zum Steinweg am kleinen Wäldchen. Dort rechts bis zum nächsten Abzweig, der uns links über den Moosgraben führt. Wir stoßen auf einen Querweg und folgen ihm rechts über das Wiflinger Moos zum Wiflinger Weiher. Die Badestelle liegt links am anderen Seeufer, der Kiosk am Parkplatz. Vor rund 60 Jahren ist der Baggersee entstanden und wurde zum naturnah gestalteten Badesee. Gerade für Familien mit Kindern bietet der Weiher entspannten Badespaß.

Unser Weg führt geradeaus bis an das Ufer der Sempt. Wir folgen ihm zur Brücke an der Hörlkofener Straße und gehen an der Straße nach Wörth zur Kirche am Platzl, unserem Ausgangspunkt.

Autoren Tipp

Von Wörth zur Therme Erding ist es ein Katzensprung. In der größten Therme der Welt gibt es für die Familie Spaß und Action, Entspannung und Erholung. Treibenlassen im Cracy River, Gaudi auf 27 Wasserrutschen und im riesigen Wellenbad. Oder Wohlfühlmomente erleben in der VitalOase.

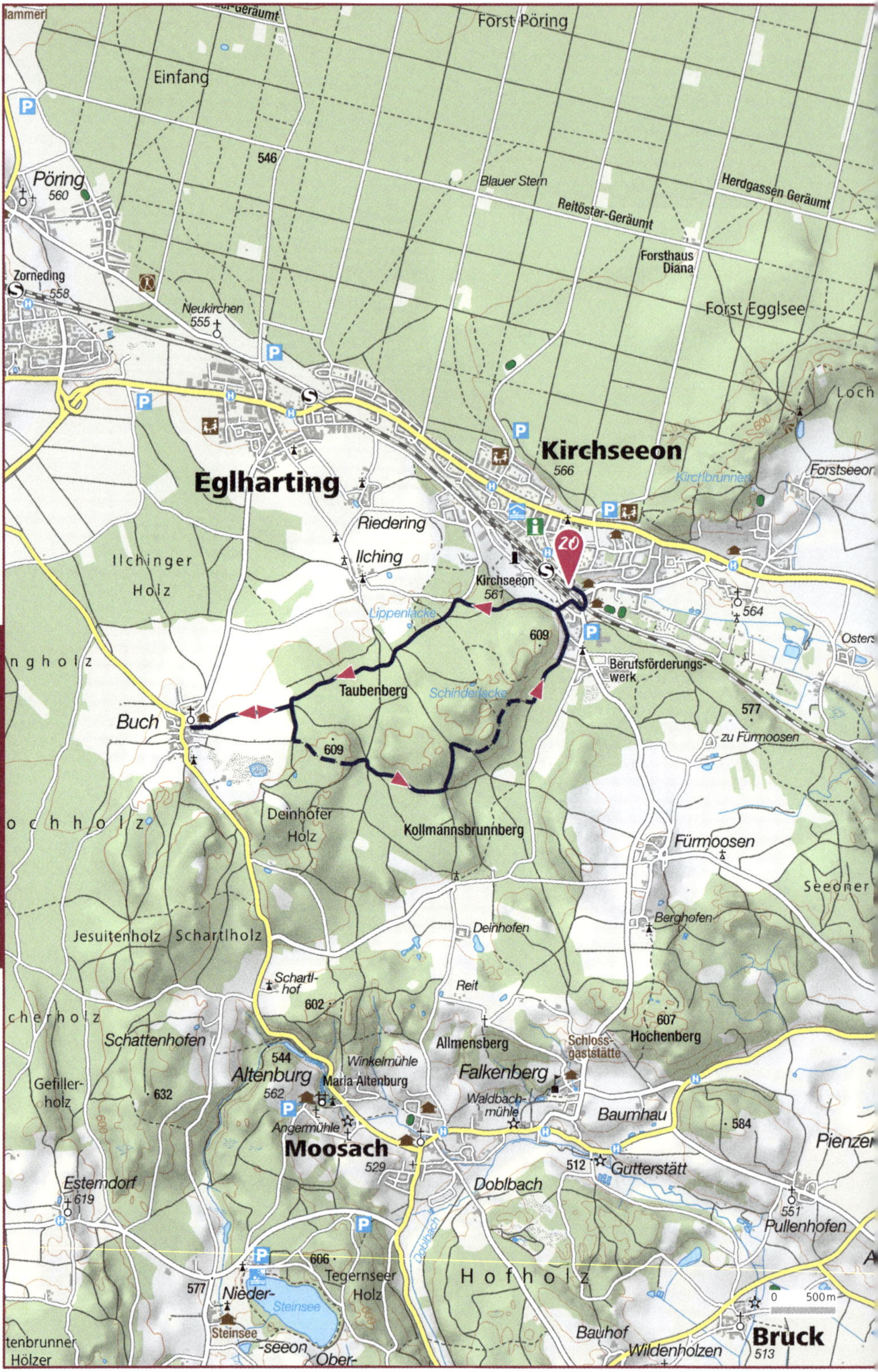

20

Forst Pöring

Einfang

546

Pöring
560

Blauer Stern

Herdgassen Geräumt

Reitöster-Geräumt

Forsthaus
Diana

Zorneding
558

Neukirchen
555

Forst Egglsee

Loch

Kirchseeon
566

Forstseeon

Eglharting

Kirchbrunnen

Riedering

Ilching

Ilchinger
Holz

Kirchseeon
561

564

Lippenlacke

609

Osters

Berufsförderungs-
werk

Taubenberg

Schinderlacke

Buch

577

zu Fürmoosen

609

Deinhofer
Holz

Kollmannsbrunnberg

Fürmoosen

Seeoner

Berghofen

Deinhofen

Jesuitenholz

Schartlholz

Schartl-
hof

Reit

602

607
Hochenberg

Schattenhofen

Allmensberg

Schloss-
gaststätte

544

Winkelmühle

Altenburg
562

Maria Altenburg

Falkenberg

Gefiller-
holz

632

Waldbach-
mühle

Baumhau

584

Angermühle

Moosach
529

512

Gutterstätt

Pienzer

Esterndorf
619

Doblbach

551

Pullenhofen

606

Tegernseer
Holz

Hofholz

577

Nieder-
-seeon

Steinsee

0 500 m

Bauhof

Wildenholzen

Bruck
513

tenbrunner
Hölzer

Kirchseeon – Buch

Rund um den Taubenberg

DAUER	2h 15min
LÄNGE	8,6 km
AUFSTIEG	150 hm
SCHWIERIGKEIT	LEICHT
MIT ÖFFIS ERREICHBAR	ja

Das erwartet dich ...

Südlich von Kirchseeon gibt es den Taubenberg, der das Prädikat Berg kaum verdient, denn der bescheidene Waldmugel erhebt sich keine 50 Meter höher in den weißblauen Himmel als der Markt Kirchseeon selber. Trotzdem verläuft die Waldwanderung um den Taubenberg immer wieder mal auf und ab und die geschwungene, bisweilen sogar abenteuerliche Routenführung (durchs Unterholz) lässt keine Langweile aufkommen.

Start & Ziel & Anreise

Ausgangspunkt ist der S-Bahnhof Kirchseeon. Mit dem Auto von München über die B 304 Richtung Wasserburg am Inn nach Kirchseeon. Dort rechts abbiegen in die Münchner Straße zum Parkplatz beim S-Bahnhof Kirchseeon. Mit den S-Bahnlinien S4 oder S6 Richtung Ebersberg bis zum S-Bahnhof Kirchseeon.

Tourenbeschreibung

Am Parkplatz des S-Bahnhofs von Kirchseeon beginnt die Wanderung rechts entlang der Wasserburger Landstraße bis zum Abzweig der Moosacher Straße. Sie führt uns auf die Brücke über die Bahnlinie. Von der Brücke fällt nach rechts eine breite Treppe ab und mündet auf den Bahnsteg. Er verläuft kurz neben den Gleisen, dann am Tennisplatz vorbei. Geradeaus in die Straße Am Dachsberg, dann rechts zum Fuchsweg in den Wald hinein.

Wir halten uns Richtung Ilching und gelangen an ein asphaltiertes Sträßchen. Dort wählen wir die zweite Fahrspur, die nach links abbiegt, und folgen ihr weiterhin durch den Wald. Mitten im Wald stößt man auf eine Kreuzung mit dem Weg nach Ilching. Wir wandern geradeaus bis der Waldrand erreicht ist. Dort ein paar Meter links halten und dann rechts und auf den Weg über das freie Feld nach Buch hinein. Dort können wir uns die schöne Kirche St. Peter anschauen.

Der Rückweg führt uns wieder zum Waldrand. Dort, wo wir von links kamen, biegen wir auf die Fahrspur rechts ab und halten uns geradeaus über die Lichtung und kurz durch den Wald. Wir stoßen wir auf einen breiten Fahrweg. Dem folgen wir links, bis hinter der Kurve links ein schmaler Weg abzweigt. Er führt uns am Taubenberg entlang wiederum zu einem breiten Forstweg. Hier links hinauf bis zum nächsten Weg, der rechts abzweigt. Wir schwenken auf den Weg ein und gehen der Linkskurve des Weges nach. Dann knickt er rechts ab und stößt weiter unten auf einen Weg, dem wir links nach Kirchseeon folgen.

Rodelbahn heißt die Straße in Kirchseeon, die in die Straße Am Dachsberg übergeht. Wir gelangen an den Abzweig des Hinweges und gehen nach rechts zum Bahnsteg, wieder die Treppe hinauf und über die Bahnbücke zurück zum Ausgangspunkt

Autoren Tipp

Ebersberg liegt gleich um die Ecke und nördlich auf der Ludwigshöhe steht der 35 Meter hohe Aussichtsturm. 169 Stufen führen zu einem fantastischen Ausblick auf das gesamte Voralpenland. In den Nächten von Sonn- und Feiertagen erstrahlt der Turm in acht LED-Farben. Am Turm gibt es zudem das Museum „Wald und Umwelt". Der Wandel in der Forstwirtschaft und die Nutzung des Waldes durch den Menschen wird hier anschaulich erklärt.

Wallner
Kasten
Taferlberg
Taferlberg-
kreuz
Kastenseeoner
See
612
Egmatinger
Forst
Herren-
holz
Lindach
Aying
Erlebnisbrauerei
Ayinger Braustüberl
610
Brauereigasthof Aying
657
Müns
621
Kronestgeräumt
Graß
Neumü
Peiß
611
Kaltenbrunn
21
Heimatshofen
Loibe
Göggen-
hofen
Griesstätt
651
Neugöggenhofen
Groß-
-helfendorf
Reitba
Ober-
-schops
Unter-
Klein-
649
St.Emmeram
Klein-
karolinen-
feld
656
Trautshofen
Rauher Berg
Rauchenberg
Blindham
655
BergTierPark
Grub
672
Klein-
schwaig
Sporer
Grotte
Kreuzstraße
625
Höllenstein
Bartewirt
Biberg
Grubmühle
Aschbach
652
Rohrbrücke
Birg-Schanze
Hohenfried
Bhf.Kreuzstraße
Alten-
Berghotel Aschbach
Niederaltenburg
633
burg
Kleinhöhenkirchen
657
0
500 m
Sollach
640
Hohendilching
632
Ober-
614

Tour 21

Genusstour 21

Bei Aying

Wallfahrt zum heiligen Bischof Emmeram

DAUER	2h 15min
LÄNGE	9,1 km
AUFSTIEG	70 hm
SCHWIERIGKEIT	LEICHT
MIT ÖFFIS ERREICHBAR	ja

Das erwartet dich ...

In der Erlebnisbrauerei Aying wird seit über 140 Jahren Bier gebraut, das wir im Brauereigasthof probieren können. In Kleinhelfendorf kommen wir zur Marterkapelle. Hier wurde der Legende nach im Jahr 652 n. Chr. St. Emmeram von Regensburg gefangen genommen und gefoltert. Heute befindet sich in dem kleinen Ort ein ganzes Gebäudeensemble, das an das Martyrium des Heiligen erinnert.

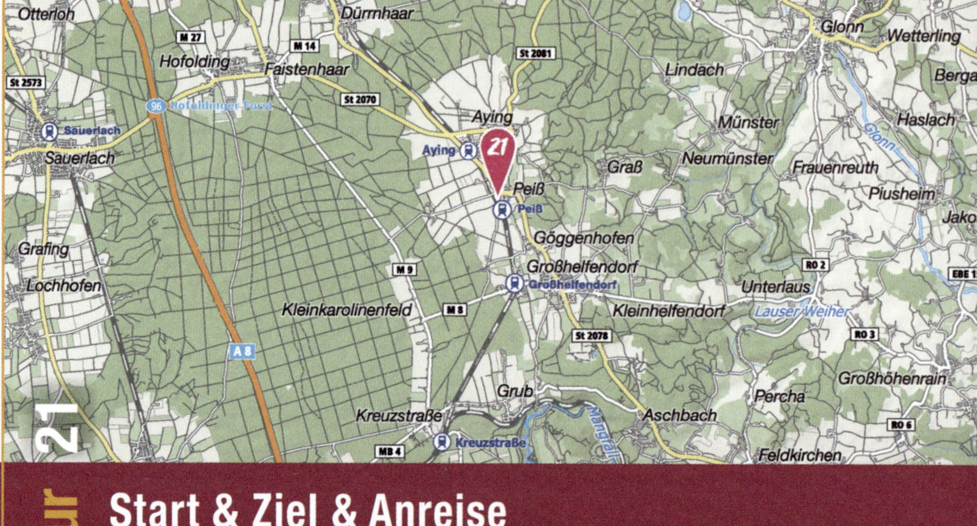

Start & Ziel & Anreise

Wir starten am Parkplatz am S-Bahnhof Peiß. Mit dem Auto von München auf die BAB A8 Richtung Salzburg bis Ausfahrt 96 Hofoldinger Forst. Links abbiegen Richtung Hofolding und Aying. Vor Aying rechts nach Peiß. Bei der Kirche rechts hinauf zum Parkplatz am S-Bahnhof Peiß. Mit der S-Bahn nehemn wir die Linie 7 von München Richtung Kreuzstraße bis Bahnhof Peiß.

Tourenbeschreibung

Vom S-Bahnhof in Peiß gehen wir ein paar Meter auf der Molkereistraße nach rechts, biegen vor der Brennerei links ab und folgen der Holzkirchener Straße hinauf, bis rechts der Sonnenweg abzweigt. Auf ihm wandern wir aus dem Ort hinaus und am Waldrand unter dem Kleinen Gesprei auf das Mühlfeld, wo sich die Pfadspur im Gras ein wenig verliert. Immer in der gleichen Richtung weiter gelangen wir an den Ortsrand von Göggenhofen.

Dort sogleich nach links abbiegen und dem Gespreiweg zur Hauptstraße folgen. Auf dieser nach rechts gehen, durch den Ort und am Ortsrand beim Gästehaus schräg links auf den Göggenhofener Kirchweg zur Schulsportanlage in Großhelfendorf. Dort folgen wir der Römerstraße, queren die Glonnerstraße bei der Feuerwehr und nehmen den Feldweg nach Kleinhelfendorf. Von Weitem sieht man bereits die Marterkapelle.

Im Ort gehen wir nach rechts über die Hauptstraße zur Marterkapelle. Von hier nun zurück über die Hauptstraße und jetzt zur Barockkirche St. Emmeram. Der heilige Emmeram wurde im Jahre 652 n. Chr. in Kleinhelfendorf ermordet. Ihm zu Ehren stehen dort seit Mitte des 17. Jahrhunderts die beiden Gotteshäuser. Von hier führt die Wanderung nach Aying. Wieder dem Weg zurück folgen und nach der Kurve wandern wir rechts hinaus über die weiten Felder zur Straße mit dem Bildstock. Weiter geht es geradeaus zur nächsten Straße. Ihr folgen wir wenige Meter nach links. Am nächsten Weg rechts über die Felder etwas aufwärts durch den Wald. An der Straßenkreuzung gehen wir geradeaus nach Aying hinein.

Von der Kaltenbrunner Straße im Ort geht es rechts in den Moosweg und gleich links in den Weg Am Schmiedberg geradewegs auf den Brauereigasthof Aying zu. Links erhebt sich die schmucke Kirche St. Andreas, gegenüber das Ayinger Bräustüberl. Zurück wandern wir auf der Oberen Dorfstraße zur Kaltenbrunner Straße. Hier links und am Peißer Kirchweg rechts aus Aying hinaus. Auf dem schönen Weg geht es gegen Süden nach Peiß zurück und dort rechts haltend auf der Rosenheimer Landstraße dahin, bis nach links die Holzkirchener Straße abzweigt, auf der wir zum Ausgangspunkt beim Bahnhof gelangen.

Über die Felder bei Aying laufen wir dem Sonnenuntergang entgegen

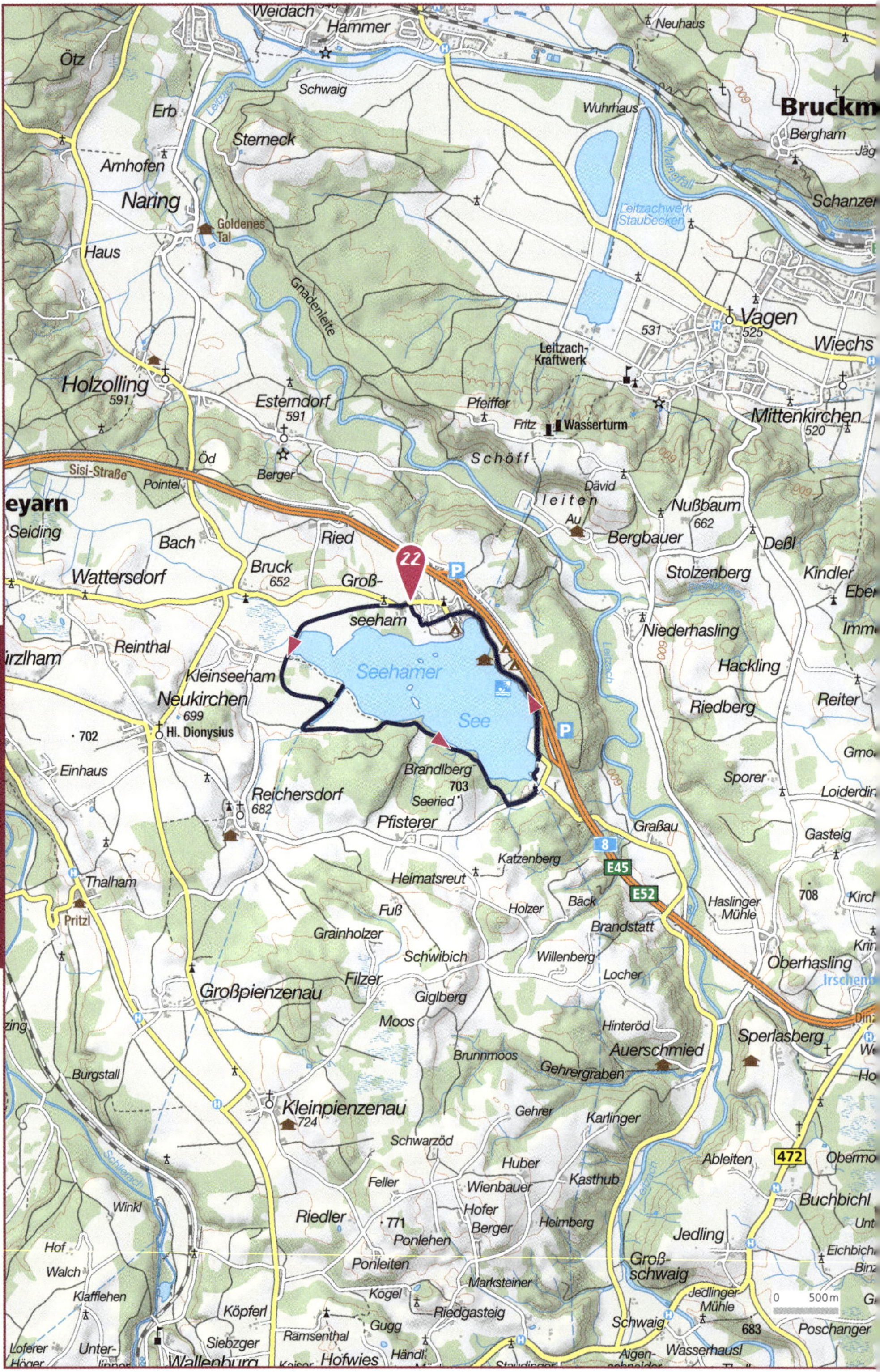

Weidach
Hammer
Neuhaus
Ötz
Schwaig
Erb
Wuhrhaus
Bruckm
Sterneck
Bergham
Arnhofen
Mangfall
Naring
Leitzachwerk Staubecken
Schanzer
Goldenes Tal
Haus
Gnadenleite
Vagen
525
531
Wiechs
Leitzach-Kraftwerk
Holzolling
591
Esterndorf
591
Pfeiffer
Fritz
Wasserturm
Mittenkirchen
520
Sisi-Straße
Öd
Berger
Schöff-leiten
Pointel
Dävid
eyarn
Au
Nußbaum
662
Seiding
Bach
Ried
Bergbauer
Deßl
Wattersdorf
Bruck
652
Groß-seeham
Stolzenberg
Kindler
Ebe
Reinthal
Niederhasling
Imm
irzlham
Seehamer See
Hackling
Kleinseeham
Reiter
Neukirchen
699
Riedberg
Hl. Dionysius
702
Einhaus
Brandlberg
703
Seeried
Sporer
Gmo
Reichersdorf
682
Loiderdi
Pfisterer
Graßau
Gasteig
Katzenberg
Thalham
Heimatsreut
E45
E52
708
Kirc
Pritzl
Fuß
Holzer
Bäck
Haslinger Mühle
Brandstatt
Grainholzer
Schwibich
Willenberg
Oberhasling
Großpienzenau
Filzer
Locher
Irschenb
Giglberg
zing
Moos
Hinteröd
Sperlasberg
Auerschmied
Brunnmoos
Gehrergraben
Burgstall
Kleinpienzenau
724
Gehrer
Karlinger
Schwarzöd
Ableiten
472
Obermo
Huber
Kasthub
Feller
Wienbauer
Buchbichl
Winkl
Riedler
771
Hofer
Berger
Heimberg
Jedling
Hof
Ponlehen
Eichbich
Walch
Ponleiten
Groß-schwaig
Marksteiner
Klafflehen
Kogel
Jedlinger Mühle
Köpferl
Riedgasteig
Schwaig
683
Poschanger
Gugg
Siebzger
Ramsenthal
Wasserhausl
Loferer
Unter-
Höger
Wallenburg
Hofwies
Händl
Aigen-
0
500 m

Tour 22

22 Seetour

Seehamer Seerunde

Zur Deifirührdiquelle

DAUER	2h 15min
LÄNGE	6,6 km
AUFSTIEG	90 hm
SCHWIERIGKEIT	LEICHT
MIT ÖFFIS ERREICHBAR	nein

Das erwartet dich ...

Eine schöne Seerundwanderung und das Gasthaus Seehaus (im Oktober 2021 vorübergehend geschlossen gemeldet) in Großseeham erwartet uns der Seehamer See wurde zur Energiegewinnung im Jahr 1913 aufgestaut. Hier erzeugen die Stadtwerke München in den Leitzachwerken Strom aus Wasserkraft. Eine besondere Attraktion auf der Wanderung ist die Deifirührdiquelle. „Deifi ria di“, „Teufel, rühr Dich“. Zugegeben, ein merkwürdiger Name für eine Quelle, aber magisch.

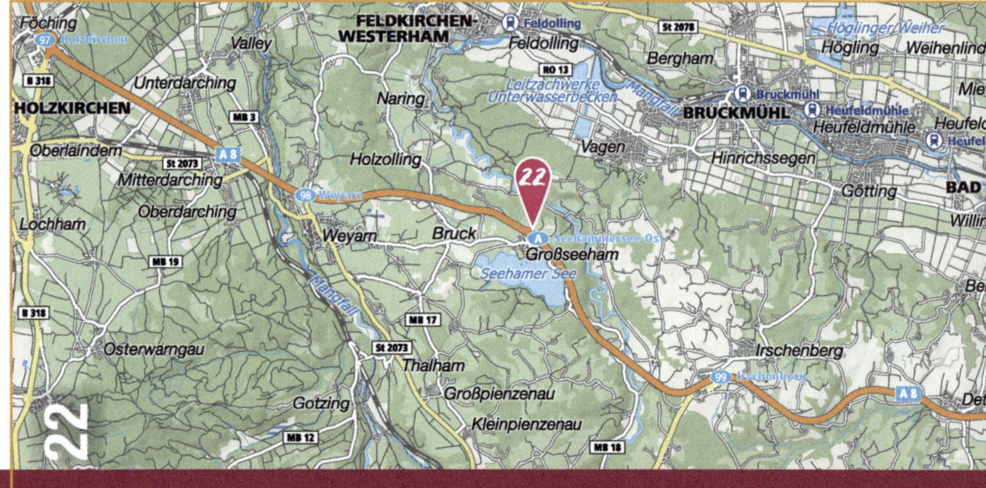

22 Seetour

Start & Ziel & Anreise

Ausgangspunkt ist der Parkplatz Seeham am Sportplatz in Großseeham. Mit dem Auto fahren wir auf der BAB A8 München–Salzburg zur Ausfahrt 98 Weyarn. Dort nach Weyarn abbiegen. Durch den Ort, dann links über Wattersdorf nach Großseeham.

Tourenbeschreibung

Beim Parkplatz am Ortsrand von Großseeham beginnt die Seerundwanderung. Trotz der Nähe zur Autobahn ist der Seehamer See ein beliebtes Naherholungsziel und das auch vollkommen zu Recht.

Wir gehen ein paar Meter nach Süden zur Infotafel, biegen nach rechts auf ein Asphaltsträßchen ein und folgen ihm Richtung Kleinseeham. In der Kurve verlassen wir das Sträßchen und gehen geradeaus auf dem Feldweg bis an den kanalisierten Seebach. Von dort kann man einen kurzen Abstecher nach links zum aussichtsreichen Seeufer einlegen. Der Seehamer See wurde von 1911–1913 zur Energiegewinnung aufgestaut und besteht seitdem als einheitlicher See. Interessant sind außerdem die fünf kleinen Inseln, die jedoch als Moor- und Feuchtflächen ausgewiesen sind und somit nicht betreten werden sollten.

Zurück gehen wir entlang des Seebaches und stoßen auf einen Weg. Dort biegen wir links ab und gehen bei der folgenden Verzweigung geradeaus weiter. Auch dort, wo die Fahrspur rechts abknickt, folgen wir dem Weg geradeaus und erreichen einen Waldweg, der über etliche Holzstege führt. Einer davon ist neben der interessanten Deifirührdiquelle. Schließlich fällt der Weg wieder zum Seeufer ab und stößt auf eine Asphaltstraße.

Hier gehen wir nach links hinunter zum Weiler Brandlberg und gleich nach den Häusern biegen wir auf einen Pfad links ein. Er führt am südöstlichsten Seezipfel über die Staumauer und neben einer kaum befahrenen Autostraße zur Wasserwachtstation, zum Campingplatz und zum Gasthaus Seehaus (zum Zeitpunkt der Recherche geschlossen, da ein neuer Pächter gesucht wird).

In Großseeham folgen wir zuerst der Hauptstraße, verlassen diese aber in ihrer Rechtskurve, um geradeaus der Seestraße zu folgen. Hinter der Bebauung halten wir uns rechts über eine Wiese zur Osterseestraße und gelangen an die Hauptstraße. Noch einmal links und wir sind schon am Ausgangspunkt zurück.

Autoren Tipp

Mieder und Schalk, Lederhose und Lodenjoppe, die Miesbacher Tracht ist seit Jahrzehnten Inbegriff des bayerischen Trachtengewandes. In Miesbach gibt es eine Vielzahl von Geschäften und Handwerksbetrieben, die die Qualität der Tracht garantieren und hochwertige Trachtenmode liefern. Sie prägen das Gesicht der Innenstadt und locken zahlreiche Besucher nach Miesbach. Das Tragen von Werktags- und Festtagstracht hat im Oberland Tradition.

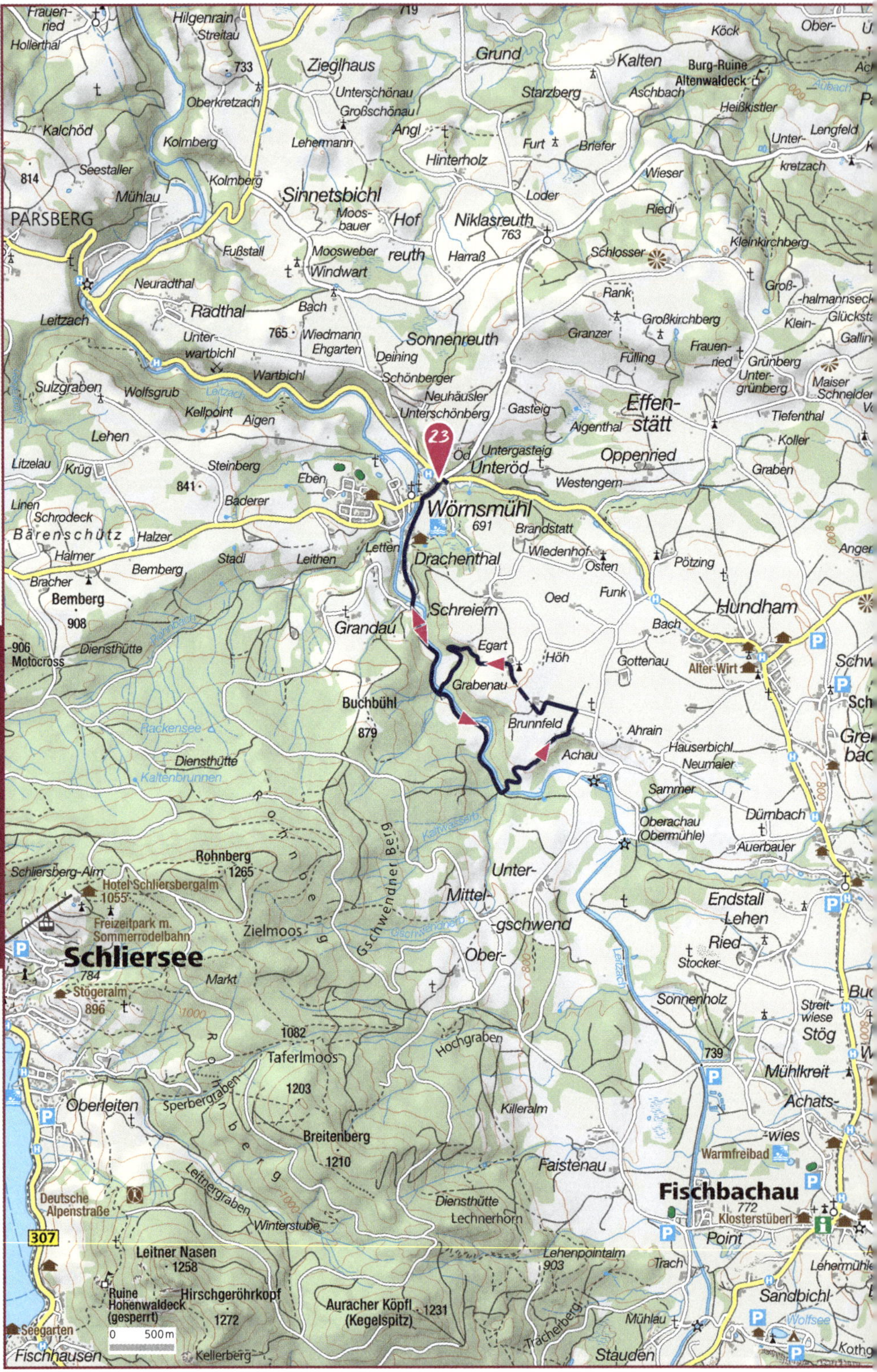

Frauenried
Hollerthal
Hilgenrain
Streitau
733
719
Zieglhaus
Grund
Kalten
Köck
Ober-
Burg-Ruine Altenwaldeck
Unterschönau
Großschönau
Starzberg
Aschbach
Aubach
Heißkistler
Oberkretzach
Kalchöd
Kolmberg
Lehermann
Angl
Furt
Briefer
Lengfeld
Unter-kretzach
Hinterholz
Wieser
814
Seestaller
Kolmberg
Sinnetsbichl
Loder
Mühlau
Moosbauer
Hof
Niklasreuth
763
Riedl
PARSBERG
Fußstall
Moosweber
reuth
Harraß
Schlosser
Kleinkirchberg
Windwart
Neuradthal
Rank
Groß-
Radthal
Bach
Großkirchberg
-halmannseck
Leitzach
765
Wiedmann
Ehgarten
Sonnenreuth
Granzer
Klein-
Glückstatt
Gallin
Unter-wartbichl
Deining
Fülling
Frauenried
Grünberg
Unter-grünberg
Maiser
Schneider
Wartbichl
Schönberger
Sulzgraben
Wolfsgrub
Leitzach
Neuhäusler
Effenstätt
Kellpoint
Aigen
Unterschönberg
Gasteig
Aigenthal
Tiefenthal
Lehen
23
Öd
Koller
Untergasteig
Oppenried
Litzelau
Krug
Steinberg
Unteröd
Graben
Eben
Westengern
841
Linen
Baderer
Wörnsmühl
691
Brandstatt
Schrodeck
Bärenschütz
Halzer
Letten
Drachenthal
Wiedenhof
Osten
Anger
Halmer
Stadl
Leithen
Pötzing
Bracher
Bemberg
Bemberg
908
Oed
Funk
Schreiern
Hundham
Grandau
Bach
906
Motocross
Diensthütte
Egart
Höh
Gottenau
Alter Wirt
Grabenau
Buchbühl
879
Brunnfeld
Ahrain
Hauserbichl
Rackensee
Achau
Neumaier
Diensthütte
Kaltenbrunnen
Sammer
Dürnbach
Oberachau (Obermühle)
Auerbauer
Rohnberg
Kaltwasser
Schliersberg-Alm
Rohnberg
1265
Gschwendner Berg
Unter-
Hotel Schliersbergalm
1055
Mittel-
Endstall
Lehen
Freizeitpark m. Sommerrodelbahn
Zielmoos
-gschwend
Ried
Stocker
Schliersee
Ober-
784
Markt
Stögeralm
896
Sonnenholz
Streitwiese
Stög
1082
Hochgraben
739
Taferlmoos
Mühlkreit
Oberleiten
Sperbergraben
1203
Killeralm
Achatswies
Breitenberg
1210
Warmfreibad
Faistenau
Deutsche Alpenstraße
Leitnergraben
Diensthütte
Fischbachau
772
Lechnerhorn
Klosterstüberl
307
Winterstube
Point
Leitner Nasen
1258
Lehenpointalm
903
Trach
Lehenmühle
Ruine Hohenwaldeck (gesperrt)
Hirschgeröhrkopf
1272
Auracher Köpfl (Kegelspitz)
1231
Sandbichl
Seegarten
Tracherberg
Mühlau
Wolfsee
0 500 m
Fischhausen
Kellerberg
Stauden
Kothg

23 Flusstour

Leitzachtal

Bei Wörnsmühl im Leitzachtal

DAUER	2h 15min
LÄNGE	7,8 km
AUFSTIEG	120 hm
SCHWIERIGKEIT	LEICHT
MIT ÖFFIS ERREICHBAR	nein

Das erwartet dich ...

Schöne, leichte und nicht zu lange Flusswanderung durch das Leitzachtal mit Einkehrmöglichkeiten in Wörnsmühl. Die Leitzach entspringt etwa 15 Kilometer weiter südöstlich im Sudelfeld, schlängelt sich munter durch die Auenwiesen der Region Fischbachau und mündet in die Mangfall. Almen, Weiler und Einzelhöfe prägen die Tallandschaft.

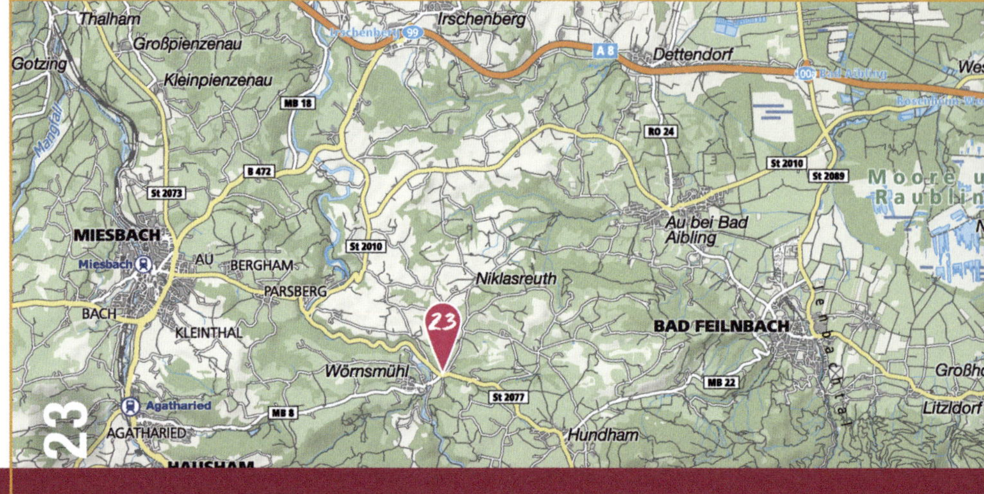

23 Flusstour

Start & Ziel & Anreise

Ausgangspunkt ist der Parkplatz Badweg Wirtshaus zum Zenzinger in Wörnsmühl Mit dem Auto auf der BAB A8 München–Salzburg bis Ausfahrt 99 Irschenberg. Auf die B472 Richtung Miesbach bis Jedling. Links abbiegen auf die St2077 und über Leitzach nach Wörnsmühl. An der Dorfstraße rechts in den Badweg einbiegen zum Wirtshaus zum Zenzinger.

Tourenbeschreibung

Beim Wirtshaus zum Zenzinger können wir das Auto abstellen und nach der Wanderung dort einkehren. Zunächst aber gehen wir den Badweg zur Dorfstraße und folgen ihr bis zum Wanderparkplatz Drachenthal vor der Leitzachbrücke. Von dort aus geht es durch die Häuser der Lippmühle und Drachenthal zum Wasserkraftwerk der Leitzachwerke.

Geradeaus wandern wir über die Leitzachbrücke, danach links durch das Tal der Leitzach. Die Leitzach ist ein südlicher Zufluss der Mangfall und ist insgesamt 33,5 Kilometer lang. Ein Teil des Wassers wird für die Stromerzeugung durch einen Stollen in den Seehamer See geleitet. Trotz der Wasserkraftnutzung kann die Leitzach als naturnaher Fluss bezeichnet werden, auch wenn die wasserwirtschaftlichen Behörden durch die Wasserentnahme einen schweren Eingriff in die Natur beanstanden.

Der Weg wird nun schmäler und führt uns nahe an das romantische Ufer. Wald und Wiesen prägen das Tal, das rund 100 Meter tief eingeschnitten liegt. Es geht über eine größere Lichtung, an deren Ende sich der Pfad zu einem Fahrweg weitet. Bald darauf wird die stählerne Leitzachbrücke erreicht.

Auf sie links abbiegen, über die Leitzach und in Kehren durch den Wald hinauf nach Brunnfeld. Zwischen den Häusern halten wir uns links zur Zufahrt zum Hof Brunnfeld. Wir folgen der Straße links zum Hof.und gehen dann links um den Hof herum. Anschließend führt der Weg nach Grabenau. Dort wandern wir links weiter zum bewaldeten Talhang der Leitzach.

In Kehren geht es hier steil hinab, über eine Lichtung und an der scharfen Kurve geradeaus weiter bergab auf schmalem Weg zur Leitzachbrücke. Dort stoßen wir wieder auf den Hinweg. Ab hier geht es zurück zu unserem Ausgangspunkt in Wörnsmühl beim Wirtshaus zum Zenzinger.

Eine Kälberweide in Grabenau im Leitzachtal

24

Harzberg
Farsberg
Harztal
Briefer
Haid-
mühl
Mühl-
statt
Straß
Böberg
Hilmer
Waldeck
Wiedmoos
Fendland
Kalcher
Aberg
Rain
Floiger
Schmauzhof
Beham
Großthal
Gschwendt
Windel
Elm
Starz
307
Poschmühl
Berg
828
Stadlberghaus
921
Furschlacht
Litzelau
Kathаried
Stadlbergalm
Gunetsrain
924
Grimm
Linen
Guntsberg
Leiten
Tiefenbach
Sonnenstatt
Hof
Freigut
Lantenhammer
Erlebnisdestillerie
Holz
Bergbaumuseum
Ferienдorf
Holz
Tiefenbach
Loidlsee
906
Motocross
Tratberg
Hausham
766
Laim
921
Kasten
Brentenspitz
Brenten
Grünboden
Thal
Altenberg
Schweinthal
Rain
Pürstling
Kalkgraben
Urtl-
bach
Unterrißhof
Riß
Westenhofen
Karma Bavaria
Abwinkl
Huabaoim
Schliersee
Kreit
24
Almbad
Huberspitz
Huberspitz
1052
Mühle
Schwaig
Milchhäusl
840
Rainer Berg
1169
Breitenbach
Freudenberg
Krainsberg
Au
Krainsbergkogel
952
1042
Schliersee
Wörth
Wirtshaus im See
Brunstkogel
1255
Rixneralm
Seegarten
Tufftal
Ober-
Krainsberger Alm
Unter-
Westerberg
1333
1415
Neuhaus
Sinnetsbichl
Fußstall
Moosweber
Windwart
reuth
Neuradthal
Radthal
Bach
Leitzach
765
Wiedmann
Ehgarten
Sonnen
Deining
Unter-
wartbichl
Wartbichl
Sulzgraben
Wolfsgrub
Leitzach
Schönberg
Kellpoint
Aigen
Lehen
Krüg
Steinberg
Eben
841
Baderer
Wörnsmühl
Schrodeck
Bärenschütz
Halzer
Halmer
Stadl
Leithen
Letten
Bracher
Bemberg
Bemberg
908
Grandau
Diensthütte
Rohnbach
Buchbühl
879
Rackensee
Diensthütte
Kaltenbrunnen
Rohnberg
Rohnberg
1265
Hotel Schliersbergalm
1055
Freizeitpark m.
Sommerrodelbahn
Schliersee
784
Zielmoos
Gschwendner Berg
Markt
Stögeralm
896
1082
Taferlmoos
Oberleiten
Sperbergraben
1203
Breitenberg
1210
Leitnergraben
Winterstube
Deutsche
Alpenstraße
307
Leitner Nasen
1258
Hirschgeröhrkopf
1272
Auracher Köpfl
(Kegelspitz)
Ruine
Hohenwaldeck
(gesperrt)
Kellerberg
Fischhausen
801
799
St. Leonhard
Freilichtmuseum
Markus Wasmeier
Probstalm
Fischhausen-
Neuhaus
Slyrs Destillerie
0 500 m
816

Schliersbergalm

Über dem Schliersee

DAUER	2h 15min
LÄNGE	6,2 km
AUFSTIEG	330 hm
SCHWIERIGKEIT	MITTEL
MIT ÖFFIS ERREICHBAR	ja

Das erwartet dich ...

Sehr beliebte Bergwanderung zur auf 1061 Meter hoch gelegenen Schliersbergalm mit der Option eines etwas weiteren, deutlich ruhigeren und weniger steilen Abstiegs. Wir können auch mit der Schliersbergbahn hinauffahren, den fantastischen Ausblick auf den Schliersee genießen und nach der Brotzeit ins Tal absteigen. Einkehrmöglichkeiten gibt es in Schliersee und auf der Schliersbergalm.

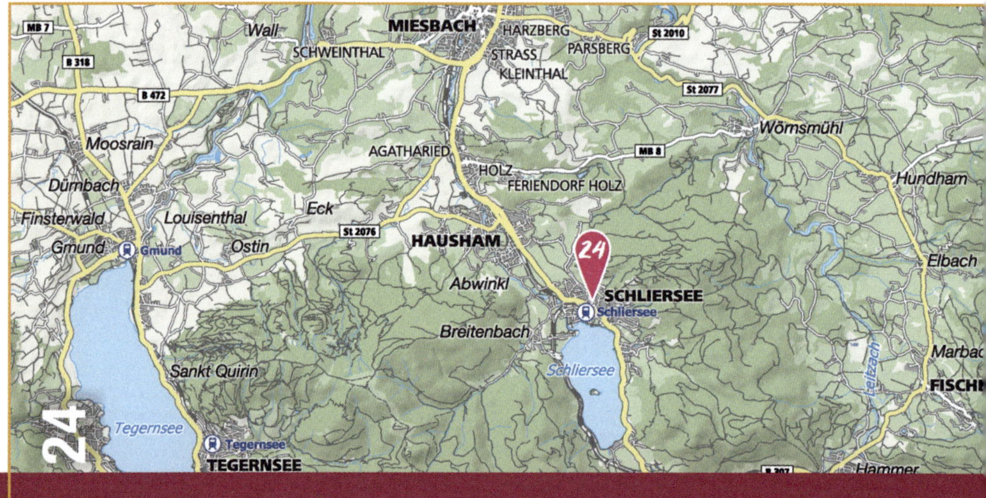

Genusstour 24

Start & Ziel & Anreise

Los geht es am Parkplatz des Schliersee-Bahnhof. Mit dem Auto auf der BAB A8 München–Salzburg bis Ausfahrt 98 Weyarn. Nach Weyarn abbiegen und auf der St 2073 nach Miesbach zur B 472. Von der B 472 in Miesbach auf die B 307 nach Schliersee. Dort von der Miesbacher Straße rechts in die Bahnhofstraße einbiegen zum Bahnhof und zu den Parkplätzen an der Werner-Bochmann-Straße. Mit der Regionalbahn RB55 von München Richtung Bayrischzell bis Bahnhof Schliersee.

Tourenbeschreibung

Man kann es sich ganz leicht machen und mit der Seilbahn zur Schliersbergalm hinauffahren, gemütlich einkehren und mit dem Alpenroller, der Sommerrodelbahn, wieder hinunterflitzen. Wanderer, die zu Fuß kommen, werden etwas mehr erleben und vor allem immer wieder grandiose Ausblicke auf den Schliersee mit den ihn umgebenden Bergen bestaunen können.

Vom Bahnhof in Schliersee gehen wir die Werner-Bochmann-Straße hinauf und nach rechts auf die Rathausstraße. Beim Brunnen beginnt der Anstieg nach links in die Leitnerstraße, an der Christuskirche vorbei zur Talstation am Dekan-Maier-Weg. Von dort folgen wir rechts dem Dekan-Maier-Weg und bleiben auf dem beschilderten Weg, der in Kehren unter der Bergbahn hindurch bis knapp vor die Schliersbergalm ansteigt. Kurz bevor wir zum dortigen Freizeitpark kommen biegen wir vom Fahrweg links ab und erreichen die Schliersbergalm und den Almstadl.

Der Abstiegsweg bringt uns von der Schliersbergalm ein kurzes Stück zum Fahrweg zurück. Dann links halten und weiter aufsteigen. Bei der folgenden Kreuzung geradeaus weiter und dem Wegweiser „Bruckweg" entlang. Der Fahrweg vereint sich auf der Scheitelstrecke der Wanderung in der Höhe von 1095 Meter mit einer von rechts herabkommenden Forststraße, der wir nach links hinab folgen. Diese Straße beschreibt einen Rechtsbogen und verzweigt sich. Dort biegen wir links ab und folgen dem Fahrweg, bis an beschilderter Stelle auf ca. 1050 Meter Höhe der nach Oberriß und Schliersee beschilderte Bergpfad abzweigt. Er führt im Wald zu einem Rücken und über diesen anfangs ziemlich eben, später deutlich steiler abwärts. Kurz vor dem Waldrand knickt der Pfad links ab und führt am oberen Rand einer Almweide entlang. Im Wald geht es dann wieder rechts herum und steil zu einer Kreuzung hinunter. Dort scharf links herum und hier nun einer schmalen Forststraße nach Oberriß folgen.

Von dort auf einem Asphaltsträßchen nach Unterriß weiter und auf dem Dekan-Maier-Weg zur Talstation der Seilbahn. Von ihr geht es entlang der Aufstiegsroute zum Ausgangspunkt zurück.

Die Schliersbergalm lockt mit Köstlichkeiten

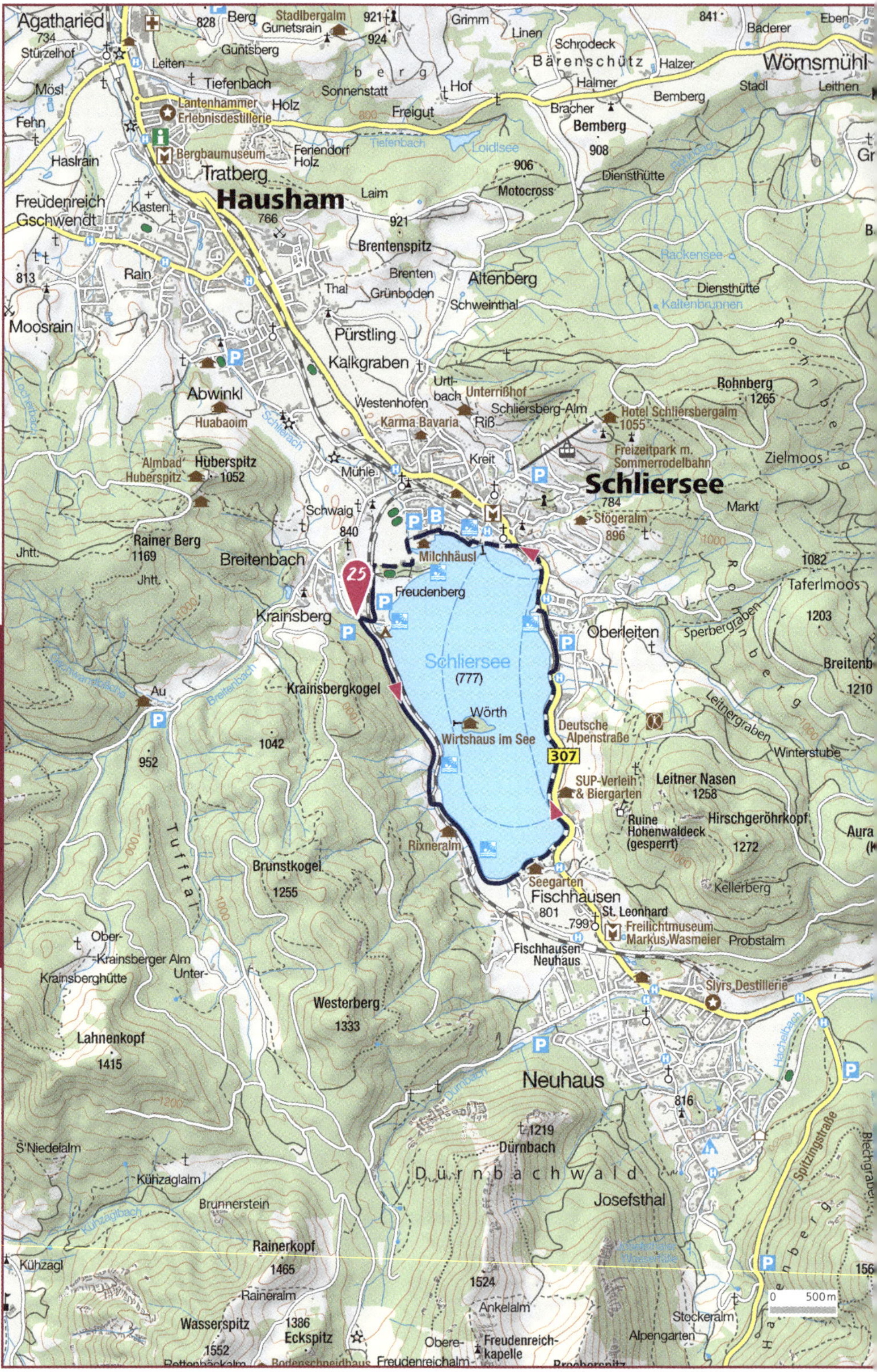
Agathaŗied
734
Stürzelhof
828
Berg
Stadlbergalm
Gunetsrain
921
924
Guntsberg
Grimm
Linen
841
Baderer
Eben
Schrodeck
Bärenschütz
Halzer
Wörnsmühl
Leiten
Tiefenbach
Mösl
Sonnenstatt
Hof
Halmer
Bemberg
Stadl
Leithen
Lantenhammer
Erlebnisdestillerie
Holz
Freigut
Bracher
Bemberg
908
Fehn
Tiefenbach
Loidlsee
Haslrain
Bergbaumuseum
Ferienodorf
Holz
906
Diensthütte
Tratberg
Freudenreich
Gschwendt
Kasten
Hausham
Laim
Motocross
766
921
Brentenspitz
813
Rain
Brenten
Altenberg
Rackensee
Thal
Grünboden
Diensthütte
Schweinthal
Kaltenbrunnen
Moosrain
Pürstling
Kalkgraben
Abwinkl
Urtlbach
Unterrißhof
Rohnberg
1265
Huabaoim
Westenhofen
Schliersberg-Alm
Hotel Schliersbergalm
1055
Karma Bavaria
Riß
Freizeitpark m.
Sommerrodelbahn
Almbad
Huberspitz
Huberspitz
1052
Kreit
Zielmoos
Mühle
Schliersee
784
Markt
Schwaig
Stögeralm
896
840
Rainer Berg
1169
Jhtt.
Jhtt.
Breitenbach
Milchhäusl
1082
25
Freudenberg
Taferlmoos
Krainsberg
Oberleiten
Sperbergraben
1203
Schliersee
(777)
Breitenb
1210
Au
Krainsbergkogel
Leitnergraben
Wörth
Deutsche
Alpenstraße
Wirtshaus im See
1042
952
307
Winterstube
SUP-Verleih
& Biergarten
Leitner Nasen
1258
Tufftal
Ruine
Hohenwaldeck
(gesperrt)
Hirschgeröhrkopf
1272
Aura
Rixneralm
Brunstkogel
1255
Seegarten
Fischhausen
801
Kellerberg
St. Leonhard
799
Freilichtmuseum
Markus Wasmeier
Probstalm
Ober-
Krainsberger Alm
Unter-
Krainsberghütte
Fischhausen
Neuhaus
Slyrs Destillerie
Westerberg
1333
Lahnenkopf
1415
Neuhaus
816
1219
Dürnbach
S'Niedelalm
Dürnbachwald
Kühzaglalm
Josefsthal
Spitzingstraße
Brunnerstein
Rainerkopf
1465
Kühzagl
1524
Raineralm
Ankelalm
0 500 m
Stockeralm
Wasserspitz
1552
1386
Eckspitz
Obere-
Freudenreichkapelle
Alpengarten
Freudenreichalm
Bodenschneidhaus

25 Seetour

Schlierseeumrundung

Gemütliche Familienwanderung auf dem Uferweg

DAUER	2h
LÄNGE	7,3 km
AUFSTIEG	10 hm
SCHWIERIGKEIT	LEICHT
MIT ÖFFIS ERREICHBAR	ja

Das erwartet dich ...

Sehr einfache Wanderung auf gutem Weg, immer am Seeufer entlang. Am Weg gibt es mehrere Einkehrmöglichkeiten. Der Dichter des Sauflieds „Ich möcht' gern an Biersee, so groß wie der Schliersee" hat sich mit seinem Durst, gemessen an anderen bayerischen Bergseen, relativ zurückgehalten, denn zu den größten seiner Art zählt der Schliersee nicht. Dafür liegt er in einer Gegend, wie sie schöner kaum sein kann, und an Badestränden gibt es auch keinen Mangel.

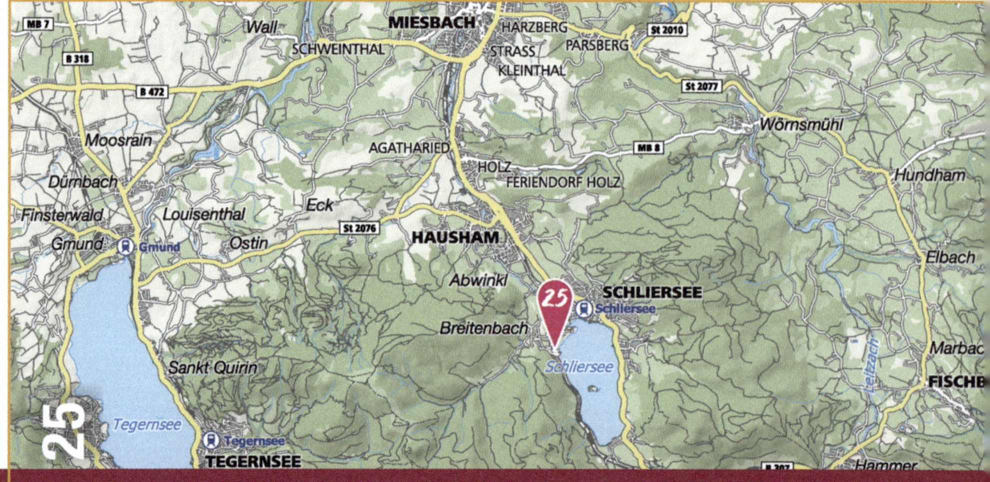

Seetour

Start & Ziel & Anreise

Wir starten am Parkplatz beim Campingplatz im Ortsteil Breitenbach.
Mit dem Auto auf der BAB A8 München–Salzburg bis Ausfahrt 98 Weyarn. Nach Weyarn abbiegen und auf der St2073 nach Miesbach zur B472 und weiter auf der B307 nach Schliersee. Dort von der Miesbacher Straße rechts über den Bahnübergang nach Breitenbach. Hier in die Westerbergstraße einbiegen zum Parkplatz am Campingplatz. Wer mit der Oberlandbahn, der RB55, von München her anreist, kann vom Bahnhof Schliersee am Kurpark in die Wanderung einsteigen.

Tourenbeschreibung

Vom Parkplatz vor den Gleisen der Oberlandbahn beim Campingplatz führt die Wanderung neben der Bahnstrecke auf einem Asphaltweg am See entlang. Ein wenig geht es auf und ab und schon nach 670 Metern gibt es einen schönen Rastplatz. Nach 1,6 Kilometer quert der Spazierweg nach links die Bahngleise und fällt zum Seeufer ab. Hier gibt es einen Erlebnispfad. Balancieren, mit den nackten Füßen verschiedene Untergründe erspüren, den Klang von Holz lauschen; mit allen Sinnen die Natur genießen. Gleich dahinter folgt ein schöner Badeplatz dem anderen. Die Rixneralm am See ist nahe und lädt zum Verweilen ein. Schließlich wird der südlichste Punkt des Schliersees in Fischhausen erreicht.

Dort dreht der Weg links ab und führt über die Uferpromenade neben einigen Bootshäusern zur Bundesstraße 307. An der stark befahrenen Autostraße Richtung Schliersee gehen, aber schon bald am Parkplatz nach links von der Fahrbahn weg und am schöneren Ufer weiter. Hier gibt es einen SUP-Verleih und Biergarten. Mehrmals kommt man wieder zur Straße hinauf, bis man schließlich in Unterleiten nach links zum Strandbad abzweigt.

Am Seeuferweg gehen wir nach rechts weiter und wieder zur Bundesstraße hinauf. Gegenüber der Sparkasse bei der Kirche heißt es links abzweigen, um die Kirche St. Sixtus herumgehen und auf dem Dekan-Obermeyer-Weg Richtung See und zum Spielplatz gehen, wo wir das Ufer erreichen. Wir schlendern geradeaus durch den großzügigen Kurpark und stoßen beim Café Milchhäusl auf den „Kurweg".

Die Asphaltstraße führt zum Segelclub und zur Brücke über die Schlierach. Nach der Brücke wenden wir uns links nach Freudenberg und kommen am Sportplatz vorbei. Vor den Bahngleisen links abbiegen, dann über die Straße, die Treppe hinunter und weiter an den Gleisen entlang. Schon ist der Campingplatz erreicht, noch einmal links über den Bahnübergang und schon ist man wieder am Ausgangspunkt.

Der Hausberg des Schliersees: Die Brecherspitz

26

Rainmühle
Eben
Wackersberg
Waldhof
Hausruck
Mösl
Harzberg
Mösl
Fehn
Lantenhammer Erlebnisdestillerie
Louisenthal
Mühlthal
Schweinberg
762
Grub
Bergbaumuseum
Riedl
Vorder-
Haslrain
Jäger auf der Ebene
Mayer in der Eck
Ed
Freudenreich
Buchleiten
Schafstatt
Eck
Grim
Neumühle
Bürstling
Hinter-
Gschwendt
Gmund am Tegernsee
Schwärzenbach
864
Ederbach
800
754
813
740
Antenloh
(Ober-)
Loch
Hausham
Osterberg
Seppenhof
Eckerbach
Rettenbeck
Marold
Deutsche Alpenstraße
(Unter-)
Schuß
Eckart
Moosrain
Angerlweber
Hof
Ostiner Stuben
Ostin
Oedbergalm
Wallenburger Kogel
Gasse
936
Elend
Oed
Kletterwald
Seeglas
Niemandsbichl
Am
Sternecker
Schußbach
Gerantbächlein
See
Reitgraben
Gindelalmstraße
Oberbuchberghof (Hofladen)
Ober-
Oeder Kogel
Schußkogel
Berg
1134
Unter-
-buchberg
Gaßler Berg
1135
Berger-Alt
1180
Jhtt.
Kotalm
Neureuth-Haus
1263
Sankt Quirin
728
Neureuth
Kotalm
Auerberg
Gindelalm
1242
Deutsche Alpenstr.
Quirinbach
Ostiner Berg
1200
Gindelalm
1242
1177
1335
Gindelalmschneid
307
1288
Bergwachthütte
747
Graben
Postnerhütte
Seesauna Monte Mare
Grün
Lieberhof
Gschwand
Kreuzbergalm
1223
TEGERNSEE
Alpbach
Kreuzbergköpfel
Hubertushütte
1273
Museum Tegernseer Tal
Auerbauer
Gulbransson-Museum
Hainer Jhtt.
Alpbachalm
Schloss Tegernsee
Pflieglegg
Brauhaus Tegernsee
Pfliegelhof
1063
Ober-Krainsberg
Aquadome
Baumgartenalm
Leeberg
Leeberghof
Krainsberghütte
Riederstein am Galaun
Rieder-stein
1448
Baumgartenschneid
Lahnenkopf
1316
Rohrkopf
1415
Prinzenkapelle
Schorn
St. Laurentius
-Egern
Seeforum
Schwaighof
1000
Staudach
S'Niedealm
18
Rottach-
Ried
Tuften
Berg
Hofbauer
Brandstatt
Angermaier
Kreuz
780
Veißach
Hagrain
Kalkofen
Erlach
Beim Zotzn
Ellmau
Gutfeld
Bachmair Weissach
Mus. im Gsotthaber Hof
Haslau
Kühzagl
Reitrain
Naturdenkmal
Rosskap.
Rottach
Gasse
Sonnenmoos
Wolfsgrub
Unterwallberg
Glogghärsee
Ringberg
Oberhof
Oberach
0 500 m
Naturkäserei Tegernseer Land
Enterrottach
Marmorbruch
Café Restaurant Alpenwildpark
Bärenwand
Almhof
Pförn
Mautstelle

Über dem Tegernsee

Vom Tegernsee zur 1335 m hohen Gindelalmschneid

DAUER	3h 45min
LÄNGE	11 km
AUFSTIEG	457 hm
SCHWIERIGKEIT	MITTEL
MIT ÖFFIS ERREICHBAR	ja

Das erwartet dich ...

Eine Bergwanderung mit steilem Anstieg zum auf 1263 m hochgelegenen Neureuth-Haus. Ein grandioser Blick auf den Tegernsee und das Bergpanorama, getoppt nur noch von der Aussicht auf der Gindelalmschneid, Gipfelhöhepunkt auf 1335 m nahe der Gindelalm. Fast ist es wie eine Wallfahrt dort hinauf zur Neureuth. Zu allen Jahreszeiten kommen die „Pilger" zur beliebten Bergwirtschaft. Weitaus ruhiger wird es am Zuweg zur Gindelalmschneid und im Alpbachtal.

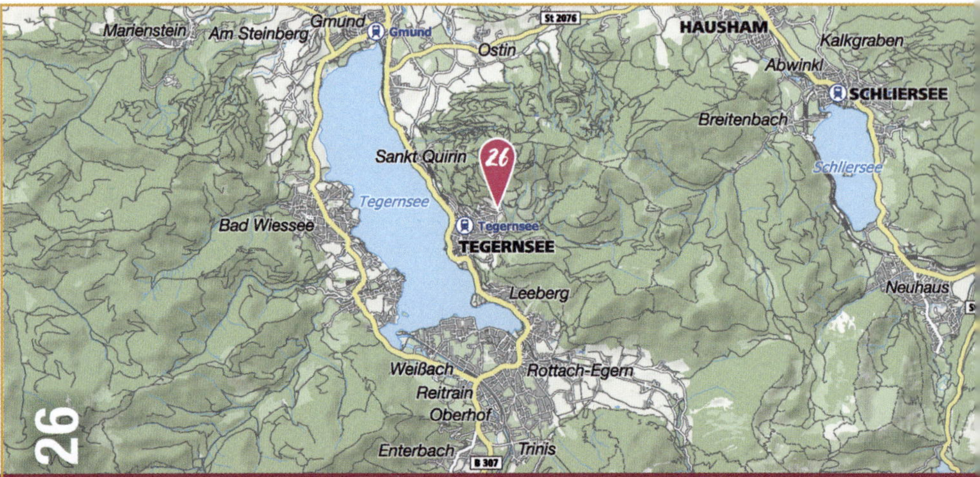

Genusstour 26

Start & Ziel & Anreise

Ausgangspunkt ist der Parkplatz beim Berggasthof Lieberhof in Tegernsee. Mit dem Auto auf der BAB A8 München–Salzburg bis Ausfahrt 97 Holzkirchen. Dann auf der B318 über Gmund nach Tegernsee. Dort links in die Hochfeldstraße zum Bahnhof. Am Bahnhofsplatz halb rechts in die Neureuthstraße zum Berggasthof. Mit der Regionalbahn RB57 ab München nach Tegernsee-Bahnhof. Von dort zum Ausgangspunkt der Wanderung zu Fuß.

Tourenbeschreibung

Vom Parkplatz beim Berggasthof Lieberhof gehen wir auf dem Fahrweg in den Wald hinein und recht steil in Serpentinen zum Neureuth-Haus am Ostiner Berg hinauf. Der Weg ist auch als Maximiliansweg ausgeschildert. Von der ein paar Meter westlich des Berggasthauses stehenden kleinen Kapelle hat man schöne Ausblicke auf die Tegernseer Berge. Nach der Einkehr wandern wir auf dem breiten Bergweg, dem Gindelalmweg, durch lichten Wald und biegen am Ende der Waldetappe nach rechts ab, um auf einem Weidehang zum Gipfel der Gindelalmschneid anzusteigen.

Von ihm gibt es wieder schöne Ausblicke, diesmal zu den Bergen um die Rotwand, zum Wendelstein und hinab nach Schliersee. Wer noch zur Gindelalm gehen möchte geht erst auf dem Gratweg geradeaus und biegt nach wenigen Metern links den Berghang hinuter zur bewirtschafteten Alm ab. Ansonsten wandern wir geradeaus über die Wiesen hinunter zur Kreuzbergalm weiter. Sie bietet einen gemütlichen Zwischenstopp für eine leckere Brotzeit.

Bei der Alm stoßen wir auf eine Forststraße, die unter dem Kreuzbergköpfel das Alpbachtal erreicht. Der Weg wird auch als Prinzenweg bezeichnet. Hinter der Brücke am Alpbach erreichten wir die Hubertushütte und die Alpbachalm. Nun im Wesentlichen den Bach entlang in Richtung Tegernsee absteigen. Dabei müssen wir aufpassen, dass wir die Abzweigung nicht übersehen, die hinter einer Brücke unter gemauerten Wasserfallstufen nach rechts abzweigt und zu einer Straße führt, auf der etwas bergauf der Gschwandlerhof erreicht wird. Dort halten wir uns rechts und gehen auf der Asphaltstraße bis Hohenlehen hinauf und bei der Kurve nach links über Graben zum Bach und nochmals links zum Parkplatz beim Lieberhof.

Wer im Alpbachtal bleibt und auf der Straße neben den vielen Gumpen des kristallklaren Bachs nach Tegernsee absteigt, muss zwischen Wohnhäusern nach rechts abbiegen (Wegweiser „Neureuthstraße und Parkplatz Lieberhof") und auf steilem Steig an der Neumüllerkapelle vorbei durch den Wald hinaufgehen. Oben kommt man zum Lieberhofweg, der zurück zum Berggasthof Lieberhof führt.

Autoren Tipp

Eine Rundfahrt auf einem Schiff der Bayerischen Seenschifffahrt über den Tegernsee nach Rottach-Egern, Bad Wiessee, Kaltenbrunn und Gmund bietet besondere Seemomente. Wunderschöne Ausblicke hoch zu den Berggipfeln und zu Panoramen der gemütlichen Orte am Seeufer. Hier zeigt sich der Tegernsee von seiner schönsten Seite; grünblau schimmernd eingebettet im Tegernseer Tal.

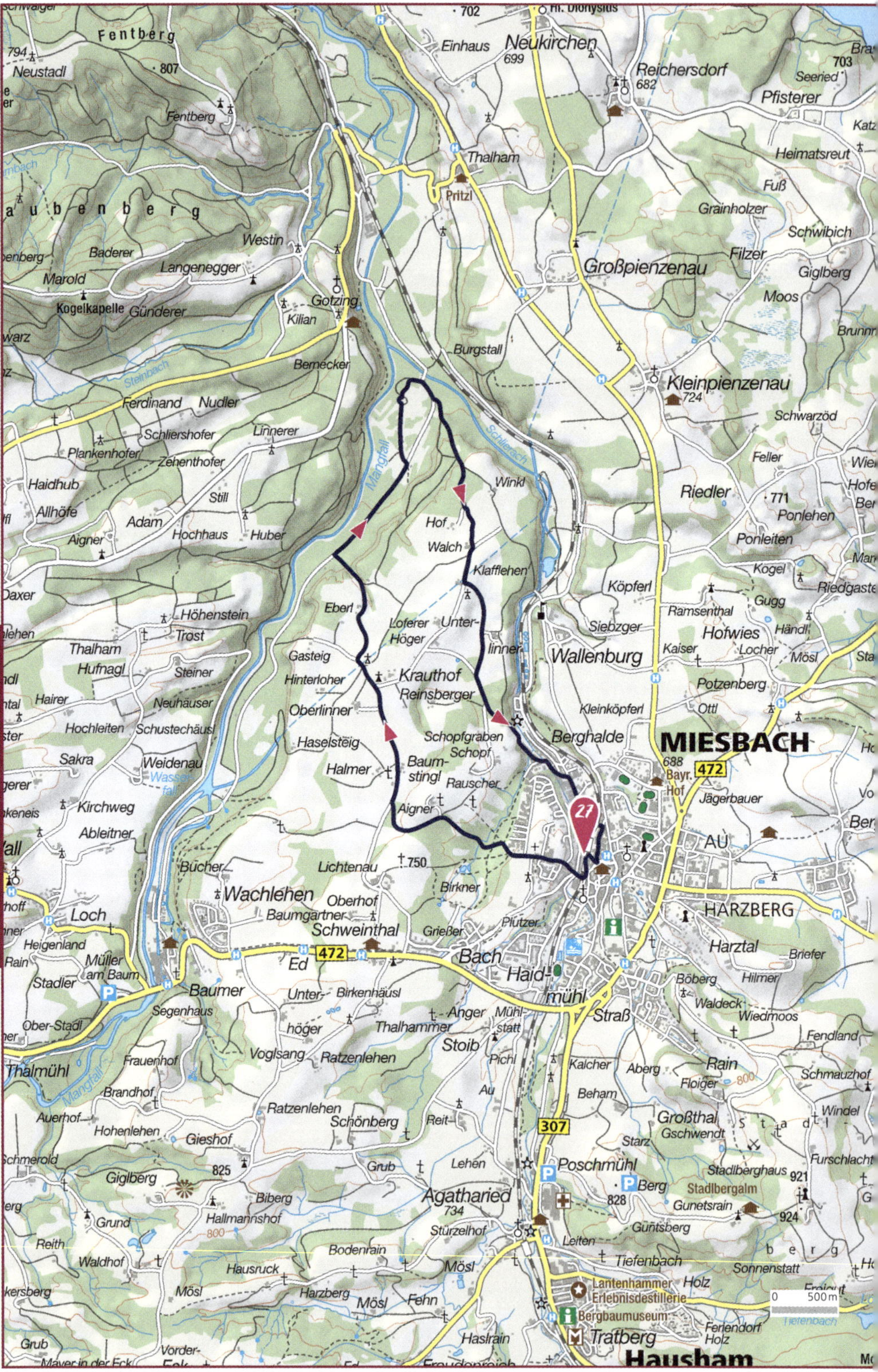

Fentberg
807
794
Neustadl
Fentberg
702
Hl. Dionysius
Einhaus
Neukirchen
699
Reichersdorf
682
703
Seeried
Pfisterer
Thalham
Pritzl
Heimatsreut
Fuß
Grainholzer
Schwibich
Westin
Baderer
Langenegger
Marold
Kogelkapelle
Günderer
Gotzing
Kilian
Großpienzenau
Filzer
Giglberg
Moos
Brunnr
Burgstall
Bernecker
Steinbach
Ferdinand
Nudler
Kleinpienzenau
724
Schwarzöd
Schliershofer
Linnerer
Plankenhofer
Zehenthofer
Mangfall
Schlierach
Feller
Haidhub
Allhöfe
Still
Winkl
Riedler
771
Ponlehen
Adam
Aigner
Hochhaus
Huber
Hof
Walch
Ponleiten
Klafflehen
Kogel
Köpferl
Riedgaste
Daxer
Eberl
Siebzger
Ramsenthal
Gugg
Höhenstein
Trost
Loferer
Höger
Unter-
linner
Hofwies
Händl
Thalham
Hufnagl
Steiner
Gasteig
Krauthof
Wallenburg
Kaiser
Locher
Mösl
Hinterloher
Reinsberger
Potzenberg
Hairer
Neuhäuser
Oberlinner
Kleinköpferl
Ottl
Hochleiten
Schustechäusl
Haselsteig
Schopfgraben
Schopf
Berghalde
MIESBACH
688
472
Sakra
Weidenau
Wasserfall
Halmer
Baum-
stingl
Rauscher
Bayr. Hof
Jägerbauer
Kirchweg
Ableitner
Aigner
27
AU
Bücher
Lichtenau
750
Wachlehen
Oberhof
Birkner
HARZBERG
Loch
Baumgartner
Schweinthal
Grießer
Plutzer
Heigenland
Müller am Baum
Ed
472
Bach
Haid-
mühl
Harztal
Briefer
Stadler
Baumer
Unter-
Birkenhäusl
Böberg
Hilmer
Segenhaus
Waldeck
Ober-Stadl
höger
Thalhammer
Anger
Mühl-
statt
Straß
Wiedmoos
Stoib
Fendland
Thalmühl
Frauenhof
Voglsang
Ratzenlehen
Pichl
Kalcher
Aberg
Rain
Floiger
800
Schmauzhof
Mangfall
Brandhof
Au
Beham
Auerhof
Ratzenlehen
Schönberg
Reit
Großthal
Gschwendt
Windel
Hohenlehen
Gieshof
307
Starz
Schmerold
825
Grub
Lehen
Poschmühl
Furschlacht
Giglberg
Biberg
Agatharied
734
828
Berg
Stadlberghaus
Stadlbergalm
921
Grund
Hallmannshof
Gunetsrain
924
800
Stürzelhof
Guntsberg
Reith
Leiten
Waldhof
Bodenrain
Tiefenbach
Sonnenstatt
Hausruck
Mösl
Lantenhammer Erlebnisdestillerie
Holz
Mösl
Harzberg
Mösl
Fehn
Bergbaumuseum
Ferienhof Holz
Grub
Haslrain
Tratberg
Vorder-
Mayer in der Eck
Hausham
0
500 m

Genusstour 27

Miesbach – Wasserhaus

Auf dem Höhenrücken zwischen Mangfall und Schlierach

DAUER	2h 45min
LÄNGE	10 km
AUFSTIEG	100 hm
SCHWIERIGKEIT	LEICHT
MIT ÖFFIS ERREICHBAR	ja

Das erwartet dich ...

Abwechslungs- und aussichtsreiche Rundwanderung im Zusammenfluss von Schlierach und Mangfall zum „Reisacher Brunnen-Tempelchen". Einsame Höfe, freie Felder und viele kleine Wäldchen prägen den Höhenrücken. Viele gemütliche Gasthäuser in Miesbach erwarten uns.

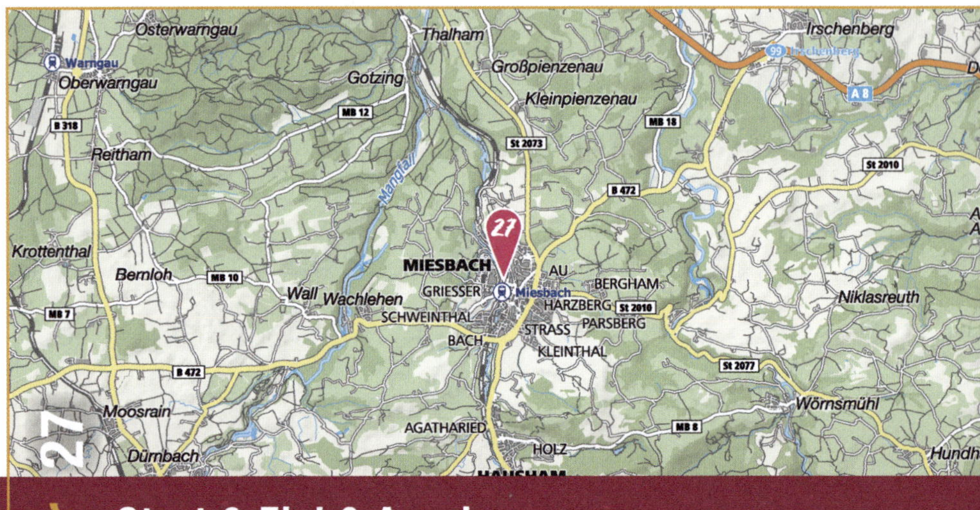

Genusstour 27

Start & Ziel & Anreise

Parkplatz beim Bahnhof Miesbach.
Mit dem Auto auf der BAB A8 München–Salzburg bis Ausfahrt 98 Weyarn. Nach Weyarn abbiegen und auf der St2073 nach Miesbach. Beim Gewerbegebiet rechts abbiegen in die Straße Am Windfeld, am Kreisverkehr die zweite Ausfahrt wählen und Richtung Bahnhof der Straße Nordgraben rechts folgen.
Mit der Regionalbahn RB57ab München nach Miesbach-Bahnhof.

Tourenbeschreibung

Vom Bahnhofsplatz in Miesbach folgen wir kurz der Frühlingstraße über die Bahnlinie in die Tölzer Straße. Dort schräg rechts halten und auf der Albert-Schweitzer-Straße den Berg hinauf. Wir kommen beim Friedhof vorbei und auf dem Weg „Auf der Grün" an den Waldrand heran. Am Parkplatz hinter der Schule gehen wir kurz rechts, dann wieder links und im Wald zum Schopfgraben hinunter. Hinter dem Graben geht es wieder aufwärts zu einer Anhöhe beim Aigner und dann in ausholendem Rechtsbogen am Waldrand zum Baumstinglhof. Geradeaus führt unser Weg zum Krauthof. Dort biegen wir links ab und kommen an der idyllischen St.-Magnus-Kapelle vorbei.

Bei der Kreuzung mit einem Bildstock geht es geradeaus und dann rechts zum Eberlhof. Die Wanderroute führt am Hof rechts vorbei auf schmalem Weg die Schneise hinunter ins Tal der Mangfall. Dort verläuft ein Weg, dem wir rechts zu den Brunnen der Grundwasserfassung Reisach folgen. Zum Reisacher Schachthaus führt an der Kreuzung der linke Weg.

Das imposante Bauwerk ist Teil der Münchner Wasserversorgung. Zu Bauzeiten wurde es wegen seiner Architektur „Reisacher Brunnen-Tempietto" genannt, heute auch als Wasserschloss betitelt.

Wir gehen links um das Tempelchen herum, an drei Skulpturen vorbei, dann rechtshaltend zur Brücke an der Schlierach. Die Brücke lassen wir links liegen und wenden uns an der Verzweigung links, nun geradeaus Richtung Winkl und Hof. Vor der Hangkante gehen wir geradeaus und nehmen dann den rechten Weg nach Walch.

An der Straße gehen wir nun rechts nach Klafflehen und biegen am Bildstock links auf das Sträßchen nach Unterlinner ein. Den Hof lassen wir links liegen, immer geradeaus, dann rechts halten und an der Kreuzung wieder rechts durch den Wald hinunter in den Stadtteil Schopfgraben an die Schlierach. Dort über die Schlierachbrücke schräg rechts in die Schützenstraße einbiegen, die Bahnbrücke unterqueren und zuletzt auf der Wallenburger Straße rechts zum Bahnhof in Miesbach zurück zum Ausgangspunkt.

Das Wasserschloss Reisach

28

97
Holzkirchen
Raststätte Holzkirchen
18
Fichtholz
Eckmann
Grabenstoffl
681
Braustüberl
Valley
660
Binder
Mittenkirch
647
8
E45
E52
Unterdarching
654
Spätkeltisches Oppidum
Berg
Fentbach
640
Unter-
-laindern
Waldrestaurant Maximühle
Ober-
Weyarner Linde
Stand-kirchen
28
Mitter-
664
Weiglmühle
Golf Valley
Erlach
-darching
Mühlthal
98 Weyarn
Die Bruckmühle
Ober-
KletterZ
Weyarn
671
Gasthaus zum Bräu
Wertstoffzentrale
Rotberg
Alter Wirt
Draxlham
Schmidham
Mangfall
Stürzlha
Wildschwaiger
Fentberg
794
Neustadl
807
Oster-
715
791
Weiße Marter
Fentberg
-warngau
780
Warngau
Nüchternbrunn
Farnbach
Taubenberg
Ober-
726
Zur Post
Westin
Taubenberg
Baderer
Langenegger
Urthal
894
Taubenberghaus 825
Marold
Christoph
Kogelkapelle
Günderer
Gotzing
Kilian
Wallfahrtskapelle Nüchternbrunn
Schwarz
Allerheiligen
744
Hainz
Bernecker
Schwarzer Berg
Sulzgraben
Steinbach
Bergham
Ferdinand
Nudler
Schliershofer
Linnerer
Steingraben
Plankenhofer
Zehenthofer
Reitham
776
Geiselberg
Jehl
Steingräber
Haidhub
Still
Polz
Wölfl
Allhöfe
Adam
Wieser
-höher
Gschwendtner
Hochhaus
Huber
Böttberg
Hinter-
Vorder-
Aigner
Daxer
0 500 m
Sonnenreuth (abgebrochen)
Ludwiger
Hössenthal
Höhenstein
Eberl
Lo

Panoramatour 28

Der Fentberg

Rund um den Fentberg über dem Mangfalltal

DAUER	3h 15min
LÄNGE	12,1 km
AUFSTIEG	220 hm
SCHWIERIGKEIT	LEICHT
MIT ÖFFIS ERREICHBAR	ja

Das erwartet dich ...

Einfache Rundwanderung mit eindrucksvollem Alpenblick vor und hinter dem höchsten Punkt des Fentbergs. Mit seinen 807 Metern erhebt er sich gut 200 Meter über dem Mangfalltal im Oberland. Die traditionelle und ursprüngliche Dorfwirtschaft Gasthaus Zum Bräu in Oberdarching mit lieben Wirtsleuten hat leider nur donnerstags geöffnet. Zum Trost gibt es in Mühltal im Tal der Mangfall das Gasthaus „Die Bruckmühle".

Panoramatour 28

Start & Ziel & Anreise

Wir starten am Bahnhof Darching in Mitterdarching.
Mit dem Auto auf der BAB A8 München–Salzburg bis Ausfahrt 98 Weyarn. Nach Weyarn abbiegen und vor dem Ort rechts über Mühlthal nach Mitterdarching zum Bahnhof Darching. Mit der Regionalbahn RB57 von München Richtung Miesbach bis zum Bahnhof Darching.

Tourenbeschreibung

Vom Parkplatz am Bahnhof Darching gehen wir über den Bahnübergang zur Bushaltestelle. Dort führt der Weg „Am Hollerweg" an der Kurve als Schlepperspur hinaus auf das Mühlfeld. Nach gut 200 Metern dreht der Hollerweg links ab und wir wandern geradeaus wieder auf einer Schlepperspur über eine ausgedehnte Wiese. Die Fahrspur schwenkt nach rechts und führt nach Oberdarching hinein, wir aber gehen geradeaus weiter und drehen erst bei dem nächsten Sträßchen Am Palmsteig rechts ab und gleich darauf wieder links. Am Querweg nun rechts herum zum Waldrand. Dort wandern wir auf einer anfangs asphaltierten, schmalen Straße nach links weiter. Wir kommen nun in den Wald hinein, erreichen den Bachgraben und steigen dann spürbar aufwärts am Hang des Fentbergs entlang und wieder leicht bergab zum Weiler Fentberg.

Am Bildstock vor dem Weiler biegt der Weg rechts ab zur kleinen weißen Kapelle St. Maria. Der weitere Anstieg bis zum Waldrand ist bei klarem Wetter sehr aussichtsreich. Im Wald geht es der Länge nach über den Rücken des Fentbergs zum höchsten bewaldetem Punkt der Wanderung. Vom Fentberg gehen wir in der gleichen Richtung weiter und gelangen kurz vor dem Waldrand zu einer Verzweigung, an der wir links weitergehen über eine Wiese bis zum Hof Neustadl. Auch kommen wir an einer Kapelle St. Maria vorbei. Über einen Wiesenrücken kommen wir wieder in den Wald hinein und ein wenig abfallend erreichen wir die Weiße Marter.

Beim Marterl, das in einer Linkskurve der Schotterstraße steht, muss man scharf rechts abbiegen und einer anfangs groben Fahrspur folgen. Bald wird der Weg deutlich besser, verlässt den Wald und führt zu einem Hof vor Schmidham. Dort rechts nach Schmidham einbiegen und an der großen Linde und der Kapelle St. Sebastian und St. Rochus vorbei.

Auf der Ortsstraße geht man in den Ort hinein und biegt zwischen den Hausnummern 14 und 15 nach rechts auf einen Feldweg ab. Er führt aus Schmidham hinaus und wieder an einem Marterl vorüber. Am Waldrand endet die Fahrspur und wir wandern am Waldsaum entlang bis wir einen Kiesweg erreichen. Wir queren ihn und kommen schließlich auf einer Schlepperspur nach Oberdarching hinein. Dort erst nach rechts zum Neustadlweg abbiegen, gleich darauf links und wieder links auf die Bergstraße. Diese schon nach weniger als 100 Metern nach rechts auf den Weg Am Palmsteig verlassen. Dann auf den ersten Feldweg links einbiegen und über freies Feld nach Mitterdarching und zum Ausgangspunkt zurück.

Autoren Tipp

Aus dem Mangfalltal bezieht die Stadt München einen großen Teil ihres Trinkwassers. Der M-Wasserweg führt daher auch durch das Tal der Mangfall. Zwischen dem Betriebshof in Thalham und der Grundwasserfassung Reisach gibt es einen Naturerlebnispfad. An zahlreichen Stationen gibt es Infos über Wechselwirkungen zwischen Naturschutz und Trinkwasserschutz. Am Haupteingang des Betriebshofs in Thalham steht eine große Steinskulptur, eine rechtsdrehende Spirale. Auch am „Wasserschloss" Reisach stehen drei weitere von verschiedenen Künstlern geschaffene Skulpturen.

29

Holzkirchen
690
Alte Post
Natur-
denkmal
Marschall
Golf
Valley
Ober-
Mitter-
664
-darching
Ober
Reitbahn
Polo
Polo
Lochham
Thann
Wertstoffzentrale
Draxlham
Rotbe
Schmidham
Sufferloh
731
734
Wildschwaiger
794
Neustadl
Thannseidl
Oster-
715
791
Weiße
Marter
780
-warngau
Warngau
Nüchternbrunn
Farnbach
Taubenberg
29
Ober-
726
Zur Post
Taubenberg
Taubenberghaus
825
Marold
Kogel
894
Christoph
Urthal
Wallfahrtskapelle
Nüchternbrunn
Schwarz
Hainz
318
Allerheiligen
744
Allerheiligenkirche
Tannried
765
Schwarzer Berg
Sulzgraben
Bergham
Steingraben
Reitham
776
Geiselberg
Steingräber
Jehl
Plan
Haidhub
Polz
Wölfl
Allhöfe
Aig
Wieser
-höher
Hinter-
Vorder-
Gschwendtner
Daxer
Böttberg
Bayerische Oberlandbahn
Sonnenreuth
(abgebrochen)
Ludwiger
Hössenthal
Kirchlehen
Stuttlehen
Einhaus
Rinnentrad
Neuhaus
Hörndl
Allerer
781
Rain
Rechtal
Hairer
Kleinlechner
Krottenthal
Timotheus-
kreuz
Feldschuster
Meister
Burgweg
Schaffler-
hof
Kaishof
Angerer
Sportheim
Bernloh
Krottenthaler Alm
760
Aning
Markhaus
Pinkeneis
Hirschstätt
Hinterholz
Holzmann
Tempel
Heigenkam
Haid
Wall
Ober-
Mühlweg
0
500 m
Raßhof
Still
Rieder
Staudach
Berg
Kapelschuster
Burgstall
Bürgtal
Dickl
Hummels-
berg
Pfarrhoff
Kapleralm
Bürg
Kulturdkm.
Stillner
Lechner
Lo

Der Taubenberg

Wo das Münchner Trinkwasser herkommt

DAUER	3h
LÄNGE	10,2 km
AUFSTIEG	185 hm
SCHWIERIGKEIT	LEICHT
MIT ÖFFIS ERREICHBAR	ja

Das erwartet dich ...

Ein gemütlicher Anstieg zum Aussichtsturm auf den beliebten Taubenberg. Ein Wald, der als Regenwasserspeicher von den Stadtwerken München genutzt wird, denn ein Löwenanteil des Münchner Trinkwassers kommt aus dem Mangfalltal und vom Taubenberg. Ein Kreuzweg bei der Wallfahrtskapelle „Sieben Schmerzen Mariens" zeigt auf 15 Tafeln die Kreuzigungsgeschichte. Einkehren kann man im Gasthaus Post in Oberwarngau oder im Berggasthof Taubenberg (Montag bis Mittwoch Ruhetag).

Start & Ziel & Anreise

Ausgangspunkt ist der Parkplatz am Bahnhof Warngau in in Oberwarngau. Mit dem Auto auf der BAB A8 München–Salzburg bis Ausfahrt 97 Holzkirchen. Auf der B318 nach Oberwarngau, Ortsteil der Gemeinde Warngau. Dort von der B318 abfahren Richtung Bahnhof Warngau. Mit der Oberlandbahn, der RB56 von München Richtung Lenggries über Holzkirchen zum Bahnhof Warngau.

Tourenbeschreibung

Vom Haltepunkt Warngau der Oberlandbahn machen wir uns auf zum rund 1 Kilometer weit entfernten Ortskern zur Kirche St. Johann Baptist. Gegenüber liegt der Gasthof Zur Post. Von dort gehen wir am Rathaus vorbei, über die Brücke rechts in den Schulweg. Dort wieder über eine Brücke zur Lindenstraße und gleich nach der Brücke biegen wir in die Austraße ein. Bei den Hausnummern 18 und 19 zweigt die Wanderroute nach rechts ab und führt auf einem Asphaltweg bergauf in den Wald hinein. Beim Wasserbehälter geht es links weiter und auf einem Schotterweg Richtung Gipfel des Taubenbergs, bis von links ein Fahrweg herüberkommt. Rechts vor uns ist der 896 m hohe Gipfel.

Dort nach rechts weiter und ziemlich eben führt der Weg bis zum Aussichtsturm, der einst als Wasserturm geplant war. Im Sommer kann man im Berggasthof Taubenberg den Schlüssel holen und auf einer Wendeltreppe zur Aus-

sichtsplattform aufsteigen. Wenige Meter nach dem Turm, an der Kapelle St. Benno vorbei, gelangen wir zu einer breiten Straße, die uns zum Berggasthof Taubenberg hinabbringt.

Beim Parkplatz des Gasthauses links abbiegen und einer Fahrspur ins Tal des Farnbachs folgen. Unser Weg ist jetzt von etlichen Bachgräben durchzogen. Vor dem Nüchternbrunnen, an der Kapelle „Sieben Schmerzen Mariens", gehen wir auf einem Treppenweg zur Lichtung hinauf.

Dort beginnt ein Kreuzweg, der beim Kircherl gleich links abbiegt und an 15 bebilderten Tafeln vorüber nach Osterwarngau führt. Am Ortsrand, beim Nüchternbrunnweg, noch links einbiegen und zur Dorfstraße gehen. Dort halten wir uns links und gleich wieder links auf den Feldweg über die Wiesen nach Oberwarngau; er mündet in die Straße Am Bergfeld. Geradeaus geht es wieder zur Dorfkirche und auf dem Hinweg zurück zum Bahnhof Warngau.

Herbstliche Stimmung in Warngau

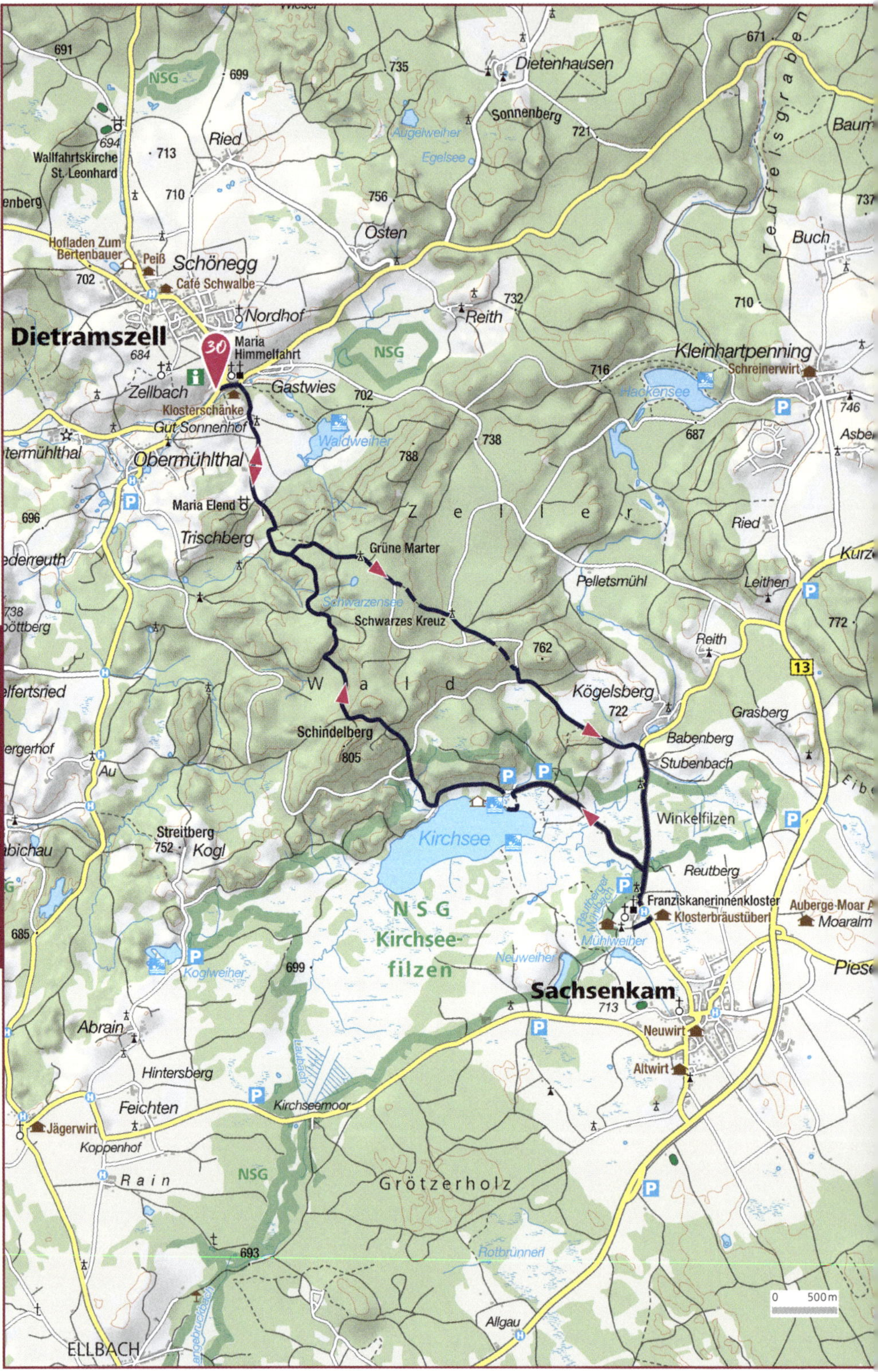

691
NSG
699
735
Dietenhausen
671
Wallfahrtskirche
St. Leonhard
694
713
Ried
Augelweiher
Egelsee
Sonnenberg
721
Baum
Teufelsgraben
756
710
737
Hofladen Zum
Bertenbauer
Peiß
Osten
Buch
Schönegg
702
Café Schwalbe
732
710
Nordhof
Reith
Dietramszell
684
30
Maria
Himmelfahrt
NSG
Kleinhartpenning
Schreinerwirt
716
Zellbach
Gastwies
702
Hackensee
746
Klosterschänke
Gut Sonnenhof
Waldweiher
738
687
Obermühlthal
788
Maria Elend
696
Trischberg
Z e l l e r
Ried
Grüne Marter
Pelletsmühl
Leithen
Schwarzensee
Schwarzes Kreuz
772
738
762
Reith
13
W a l d
Kögelsberg
722
Grasberg
Babenberg
Schindelberg
805
Stubenbach
Au
Winkelfilzen
Kirchsee
Streitberg
752
Kogl
Reutberg
Franziskanerinnenkloster
Auberge-Moar
Moaralm
Klosterbräustüberl
N S G
Kirchsee-
filzen
Reutberger Mühlbach
Mühlweiher
685
Koglweiher
699
Neuweiher
Sachsenkam
713
Abrain
Neuwirt
Altwirt
Hintersberg
Laubach
Feichten
Kirchseemoor
Jägerwirt
Koppenhof
R a i n
NSG
G r ö t z e r h o l z
693
Rotbrünnerl
0 500 m
Allgau
ELLBACH

Dietramszell – Reutberg

Von Kloster zu Kloster durch den Zeller Wald

DAUER	3h 30min
LÄNGE	13,5 km
AUFSTIEG	340 hm
SCHWIERIGKEIT	LEICHT
MIT ÖFFIS ERREICHBAR	nein

Das erwartet dich ...

Die Attraktionen auf dieser Wanderung beginnen schon am Ausgangspunkt, bei der Klosterkirche Maria Himmelfahrt in Dietramszell, gefolgt von der Wallfahrtskirche Maria Elend und der Grünen Marter. Den Scheitelpunkt der Wanderung bildet das Kloster Reutberg und das dortige Klosterbräustüberl mit Biergarten und grandioser Aussicht. Am Kirchsee gibt es einen schönen Badestrand mit Kiosk.

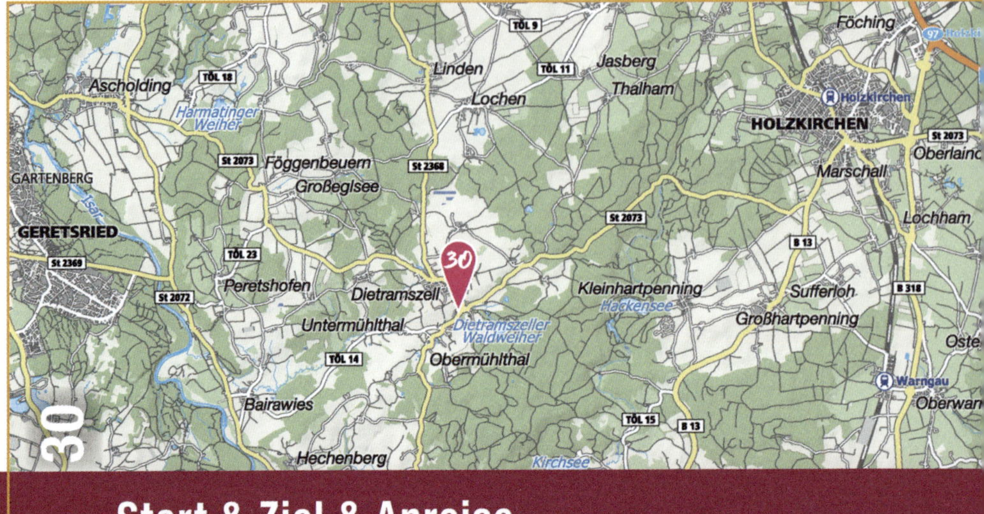

Start & Ziel & Anreise

Los geht es am Parkplatz unterhalb des Klosters, Tölzer Straße in Dietramszell. Mit dem Auto auf der BAB A8 München–Salzburg bis Ausfahrt 97 Holzkirchen. Auf der B318 bis Abfahrt zur B13 Richtung Holzkirchen. Auf der B13 bis zum Abzweig der St2073 rechts nach Dietramszell bis zum Kloster.

Tourenbeschreibung

Vom Parkplatz gehen wir zu Beginn der Wanderung an der Klosterkirche und der Klosterschänke vorbei, dann nach rechts aufwärts in die Straße Am Weiherfeld in den Wald hinein. Auf der breiten Waldstraße am Abzweig zum Sonnenhof mit Wegekreuz führt unser Wanderweg erst geradeaus und an der Verzweigung rechts zur schönen Wallfahrtskirche Maria Elend. Weiter geht es am Wohnhaus links vorbei und auf einem Fahrweg durch den Wald hinauf. Bei der Verzweigung geradeaus und immer den Wegtafeln zum Kirchsee folgen bis zum höchsten Punkt der Rundwanderung bei der Grünen Marter, 798 m hoch.

Am Abzweig hinter der Marter auf den schmalen Weg geradeaus gehen, im Rechtsbogen den Weg nach links verlassen und durch den Wald hinunter zum Schwarzen Kreuz an der Forststraße. Hier rechts einbiegen und am Wegedreieck auf schmaler Spur zwischen den beiden abzweigenden Forststraßen dem Wegweiser zum Kirchsee folgen. Schließlich gelangen wir wieder auf eine Forststraße und müssen gleich darauf rechts auf einen Waldpfad abzweigen, eine Fahrspur queren und relativ steil zu einer Straße hinabgehen. Auf ihr weiter bergab. Bei der Abzweigung nicht mehr dem Wegweiser folgen, sondern in der Linkskurve auf dem Hauptweg bleiben, am Wiesengrund entlang und geradeaus zur Autostraße kurz vor Stubenbach. Auf ihr wandern wir an Stubenbach vorbei zum Kloster Reutberg.

Der Rückweg verläuft anfangs vom Kloster auf dem Hinweg, zweigt aber bald schon auf die Kirchseestraße links ab. Auf ihr gelangen wir zum Kirchsee. Es geht am Nordufer entlang und an der Verzweigung rechts um den Bergsporn herum. Am Rand der Lichtung entlang bis zur Linkskurve und dort rechts in den Weg steil bergauf. Am Wegedreieck geradeaus weiter aufwärts bis auf den Bergsattel knapp unter dem Schindelberg.

Auf der anderen Seite geht es bergab und nach rechts den Hang hinunter. Am breiten Forstweg rechts und auf ihm bis zur Wallfahrtskirche Maria Elend wandern. Von dort geradeaus nach Dietramszell zum Kloster und Ausgangspunkt zurück.

Autoren Tipp

Außen wirkt die stattliche Klosterkirche Maria Himmelfahrt im malerisch gelegenen Kloster Dietramszell im Tölzer Oberland nahezu schmucklos. Im Inneren befinden sich aber prachtvolle Fresken und Stuckarbeiten von Johann Baptist Zimmermann. Die ganze Kirche ist mit beeindruckenden Werken Zimmermanns ausgestattet. Eine Führung durch Teile des Klosters ist nach Voranmeldung möglich. Die Klosterschänke, im Schatten des ehrwürdigen Klosters gelegen, zeigt sich im urig-gemütlichem Ambiente – dicke Steinmauern und prachtvolle Gewölbe.

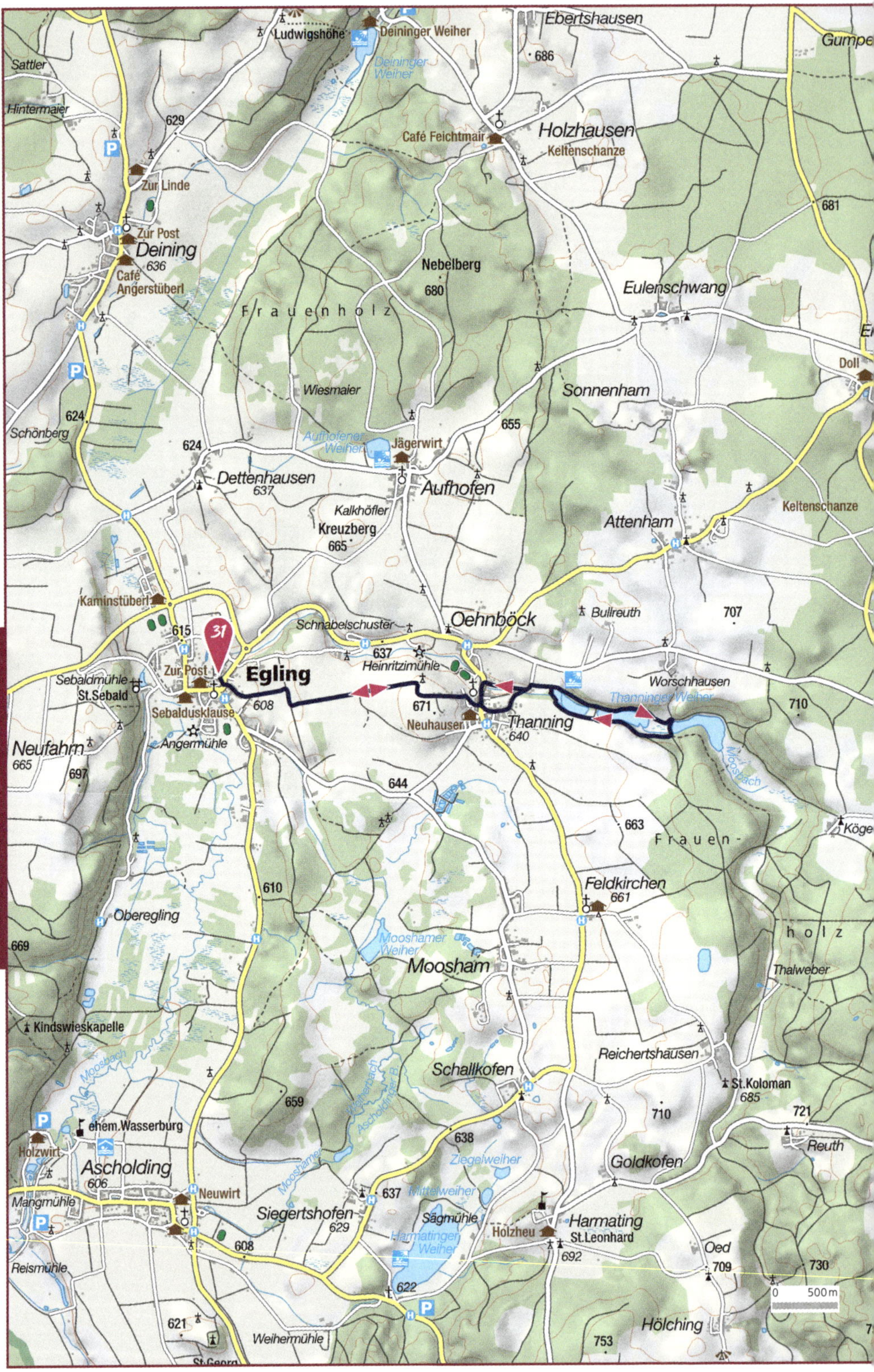

31

Ludwigshöhe
Deininger Weiher
Deininger Weiher
Ebertshausen
686
Gumpe
Sattler
Hintermaier
629
Café Feichtmair
Holzhausen
Keltenschanze
Zur Linde
Zur Post
Deining
636
Café Angerstüberl
Nebelberg
680
681
Eulenschwang
Frauenholz
Wiesmaier
Sonnenham
Doll
624
Schönberg
Aufhofener Weiher
Jägerwirt
655
624
Dettenhausen
637
Aufhofen
Kalkhöfler
Kreuzberg
665
Attenham
Keltenschanze
Kaminstüberl
Bullreuth
707
615
Schnabelschuster
Oehnböck
637
Heinritzimühle
Sebaldmühle
St. Sebald
Zur Post
Egling
Worschhausen
608
671
Thanninger Weiher
Sebaldusklause
Neuhauser
Thanning
640
710
Angermühle
Neufahrn
665
697
Moosbach
644
663
Frauen-
Köge
Feldkirchen
661
610
Oberegling
holz
669
Mooshamer Weiher
Moosham
Thalweber
Kindswieskapelle
Reichertshausen
Moosbach
Schallkofen
St. Koloman
685
659
Weiherbach
Aschoidinger B.
710
721
Reuth
Holzwirt
ehem. Wasserburg
638
Ziegelweiher
Ascholding
606
Goldkofen
Mangmühle
Neuwirt
Mooshamer
637
Mittelweiher
Siegertshofen
629
Sägmühle
Harmating
Holzheu
St. Leonhard
Harmatinger Weiher
608
692
Oed
Reismühle
709
730
622
0 500 m
621
Hölching
Weihermühle
753
St. Georg

Thanninger Weiher

Von Egling zum Thanninger Weiher

DAUER	2h 15min
LÄNGE	8,1 km
AUFSTIEG	50 hm
SCHWIERIGKEIT	LEICHT
MIT ÖFFIS ERREICHBAR	nein

Das erwartet dich ...

Ein Ausflugsziel, nie überlaufen, ruhig, wo man richtig abschalten kann. Zwei unterschiedliche Charaktere prägen diese einfache Rundwanderung. Zwischen Egling und Thanning verläuft die Route über freie, aussichtsreiche Felder und östlich davon am Thanninger Weiher geht es an drei Seen entlang durch den Wald. Die Weiher dienen vornehmlich der Fischzucht. Einkehr im Gasthof Oberhauser Hotel Zur Post.

Seetour 31

Start & Ziel & Anreise

Ausgangspunkt ist der Parkplatz des Postwirts Oberhauser in Egling. Mit dem Auto auf der BAB A8 München–Salzburg zur Ausfahrt 96 Hofoldinger Forst und nach Sauerlach abbiegen. Geradeaus durch den Ort auf der St 2070 über Endlhausen nach Egling. Am Kreisverkehr nach Egling einbiegen bis zur Kirche St. Martin, daneben liegt der Gasthof Oberhauser Hotel Zur Post.

Tourenbeschreibung

Vom Parkplatz der beliebten Gaststätte Oberhauser wandern wir um die Kirche herum in die Öhnböcker Straße zum Thanninger Weg, der gleich rechts abzweigt. Von dort folgen wir dem Weg aus Egling hinaus zu einer Sitzbank, von der man eine Aussicht zur Zugspitze hat, wird erzählt. Hier wendet man sich nach rechts, gleich wieder links und dem Weg nach Thanning folgen. Hinter dem Bildstock an den Kurven heißt der Weg dann Schulstraße und führt ins schmucke Dorf hinunter, wo auf den alten Höfen die Hausnamen stehen.

Vor dem Parkplatz in der Amtmannstraße links einbiegen und gleich zur Hauptstraße abzweigen. Gegenüber gehen wir in die Schmiedbergstraße und folgen ihr zum Weiherweg. Hier nun rechts einbiegen und gleich wieder rechts zum ersten von drei Weihern am Moosbach unterhalb des steilen bewaldeten Hanges der Lichtleite. Durch schönen Wald führt der Weg zu einer Lichtung vor dem Ufer am dritten Weiher.

Dort beginnt der Rückweg nach rechts auf den Stauwall über den Moosbach. Wieder rechts und an der Südseite der Weiherkette unterhalb der Dunkelleite auf dem Pfad entlang zum ersten Weiher zurück. Am Ende des Weihers ist der Hinweg erreicht.

Hier gehen wir links zum Weiherweg. Wer etwas Abwechslung mag und sich den nochmaligen Anstieg zum Schmiedberg sparen will, bleibt auf dem Weiherweg und kommt auch so nach Thanning zur Kirche St. Peter und Paul auf der Hauptstraße. Hinter der Kirche rechts hinauf zur Amtmanstraße, dann rechts und weiter auf dem Hinweg zurück zum Ausgangspunkt.

Am Ufer des Thanninger Weihers können wir entspannt flanieren

32

Schäftlarn
Sanatorium
686
Zell
Rüttgers-
Siedlung
Zur Post
Klosterbräustüberl
Kloster
Schäftlarn
561
Grotte
612
Deigste
Beigarten
Ebenhausen
664
644
681
Dürnstein
Bruckenfischer
680
726
Rittergütl
593
Irschenhausen
699
Holzen
559
Isar
Sattler
Hintermaier
Klausenhütte
örlbach
11
Schützenried
705
596
Klause i.
Schindergraben
(Bergfreundehaus)
Wadlhausen
Isarwerkkanal
Au-
mühle
Aumühle
Schwaige
NSG
Ickinger Au
Klostermeier
Icking
666
Hornstein
Zur
Deining
696
Keltenschanze
Walchstadt
688
Walchstadter
Höhe
703
Schlederloh
652
600
Dreibrunnen
Schönberg
624
Attenhausen
Sachsenhausen
648
640
Erholungsheim
11
644
NSG
Pupplinger
Au
572
572
Stoßberger
Fahrverbot an
Wochenenden
u.Feiertagen
Ergertshausen
Kam
hof
enrain
Dorfen
646
635
Floßlände
Riedhof
669
Kaltenbach
Keltenschanze
Concetta
WEIDACH
Aujäger
Sebald
Sebald
Andreas
NANTWEIN
Floßlände
178
Neufahrn
665
Puppling
697
Altwirt
577
Heimatmus.
Marienbrücke
Humplbräu
Alte Floß-
lände
Mex
Hochreuth
Voglbauer
Landhaus
enberg
Märchenwald-
Stadion
Siedlung
Farchet
Keltenschanze
Ob
rgkramer
580
669
Gagert
annhof
578
Loisach
677
11a
WALDRAM
Kindsw
0
500 m
Zur Post
180
Isar
Kalter Brunnen
ickmaier
GELTING
584
NSG
660
586

Tour 32

32 Genusstour

Pupplinger Au

Vom Aujäger zur Aumühle

DAUER	2h 30min
LÄNGE	10,5 km
AUFSTIEG	20 hm
SCHWIERIGKEIT	LEICHT
MIT ÖFFIS ERREICHBAR	ja

Das erwartet dich ...

Sehr beliebte Wanderung in einem berühmten Naturschutzgebiet. Die Pupplinger Au zählt zu den schönsten Wildflusslandschaften Bayerns. Sie breitet sich im einstigen Überschwemmungsgebiet im Mündungsbereich von Loisach und Isar nördlich von Puppling aus. Hier hat die Isar ihren ursprünglichen Wildflusscharakter mit zahlreichen Kiesbänken behalten. Die Au wird von Kiefern, Weißerlen und Fichten geprägt. Einkehren kann man im Gasthaus Aujäger und im Gasthaus Aumühle.

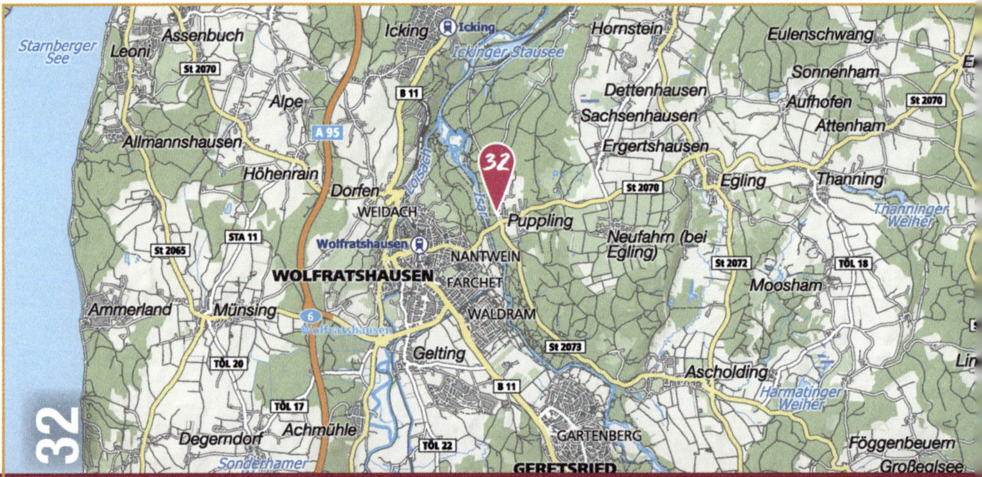

Start & Ziel & Anreise

Wir starten am Parkplatz beim Gasthaus Aujäger in Wolfratshausen-Puppling. Mit dem Auto auf der BAB A95 München–Garmisch-Partenkirchen zur Ausfahrt 6 Wolfratshausen. Nach Wolfratshausen abbiegen zur B11. Nach links einbiegen zur Kreuzung Schießstättstraße, rechts zur Sauerlacher Straße. Hier rechts auf die St 2070 bis Puppling und links auf den Wanderparkplatz beim Gasthaus Aujäger. Mit der S-Bahn Linie S7 von München nach Wolfratshausen. Vom Bahnhof mit den Bussen Linie 375 oder 377 nach Puppling. Die Haltestelle liegt beim Wanderparkplatz.

Tourenbeschreibung

Vom Wirtshaus Aujäger mit seinem verlockenden Biergarten folgen wir der asphaltierten Austraße, die an Samstagen, Sonn- und Feiertagen für den Autoverkehr gesperrt ist, in die Au hinein. Bei der Verzweigung geht es geradeaus weiter entlang der Austraße.

Die schmale Straße verlässt die freien Auwiesen, taucht in den Wald ein und führt zu einem kleinen Wegedreieck. Wer es sehr bequem mag, geht auf der Asphaltstraße geradeaus weiter Richtung Aumühle. Schätzt man hingegen etwas Abwechslung, nimmt man den ersten, schmalen Weg, der nach rechts führt. Die Fahrspur verzweigt sich sogleich und dort halten wir uns links. Jetzt immer geradeaus, bis man auf einen breiteren Fahrweg stößt. Hier links auf die Lichtung zur Straße. Nach rechts führt sie über eine Wiese, dann durch den Wald zur Aumühle am Isarkanal. Geprägt ist das Dorf Aumühle von einer berühmten Forellenzucht und einem Gasthaus, das für seine Forellenspezialitäten bekannt ist.

Nach der Aumühle dort geht es nach links zur Kanalbrücke hinauf und noch vor der Brücke wieder links auf den Isardamm. Auf ihm gehen wir nun lange schnurgerade der Strömung des Isarkanals entgegen. Am Ende des Damms erwartet uns das Ickinger Wehr mit Kraftwerk. Wer hinüber zur überdachten hölzernen Wehrbrücke geht hat einen fantastischen Blick auf die Flusslandschaft.

Vor uns bei den Häusern führt eine Brücke über die Floßrinne. Die Flöße, die aus Wolfratshausen nach München fahren, umgehen hier das Wehr. Nun führt uns die Wanderung entlang der Straße nach links vom Kanal weg, durch den Wald und erreicht in Puppling wieder die Austraße. Noch einmal rechts und das Gasthaus Aujäger ist erreicht. Dahinter befindet sich der Wanderparkplatz, unser Ausgangspunkt.

Frische Forellen gibt es bei der Fischzucht Aumühle

33

Mangmühle 601 Neuwirt Siegertshofen 629 637 Mittelweiher Sägmühle Harmatinger Weiher Goldkofen Harmating Holzheu St. Leonhard 692 Oed 709 730
606 Ascholding 608 Reismühle Aschol- GARTEN- dinger -BERG 621 St. Georg Weihermühle 622 Hölching 753
684 12 Kleineglsee Föggenb
Gerets- rieder Au Au Podling Emmerkofen Großeglsee Eichet
NSG 602 Wolfrats- hauser Forst 738 Humbach 733 713
616 33 Steinsberg Tattenkofen 715 Geiger 741
605 Tattenkofener Brücke Peretshofer- Höhe Peretshofen 705
Isarwinkel 607 734 Stockach Thankirchen 718
Rampertshofen 702 Einöd Manhartshofen
Grundholz 717 Punding Leismühl (640)
Einöde
Hunde- abrichtungs- platz 652 Grabmühle 692 Kappelsberg Schullandheim Zellerbach
Brand Kasbühel 622 662 Königsdorfer Alm Malerwinkel
604 Schuß 616 Bierhäusel Zur Isar Bairawies Niederre
Walleiten 721
627 NSG 717 Helferts
Zeltlagerplatz 698
Berg Isartal- stern- warte Rothmühle 709
630 671 Jugendsiedlung Hochland Isar Mühlwaschl
Hechenberger NSG Leite Hechenberg Moarwirt Reutscherer
Osterhofen Unter- Gilgenhof
Niederham Rothenberg leiten Habichau
Aug 4 Habichauer B.
653 Huppenberg NSG Habichauer Filzen
668 Dachsberg 627 Heimkreit Lochen Staubachhof
Grafing
671 Kiesgrube Rimslrain 0 500 m
Unterfischbach NSG Schnaitt
697 KIRCHBICHL

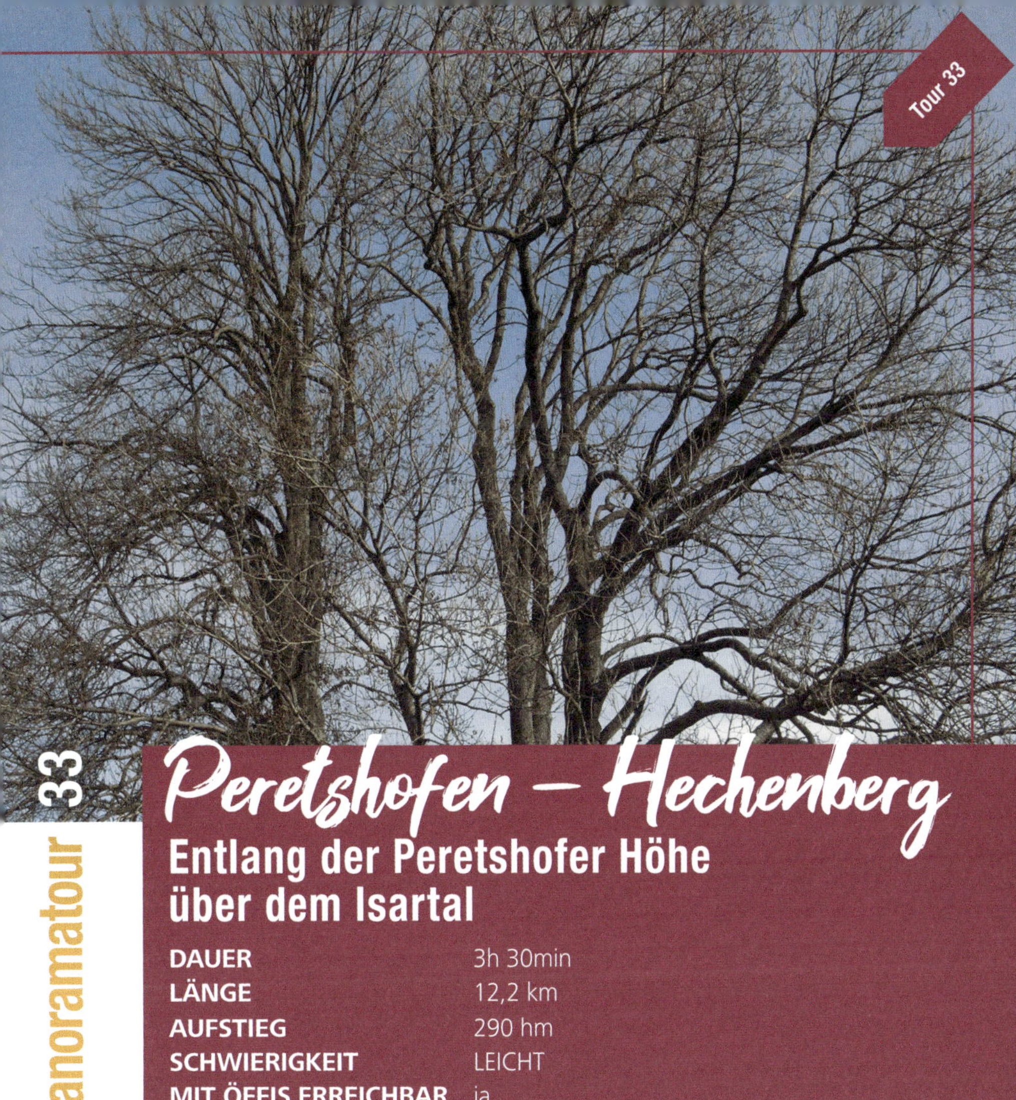

33 Panoramatour

Peretshofen – Hechenberg

Entlang der Peretshofer Höhe über dem Isartal

DAUER	3h 30min
LÄNGE	12,2 km
AUFSTIEG	290 hm
SCHWIERIGKEIT	LEICHT
MIT ÖFFIS ERREICHBAR	ja

Das erwartet dich ...

Diese Wanderung führt durch eine bezaubernde Voralpenlandschaft mit großartigen Ausblicken auf die Alpen. Am schönsten ist es dort, wenn der Föhn die Luft „putzt" und kristallklare Ausblicke auf die Berge präsentiert. Zweimal geht es steil vom Isartal auf die Hochfläche zu den beschaulichen Weilern und bunten Wiesen. Einkehren kann man im Gasthaus Huber in Peretshofen.

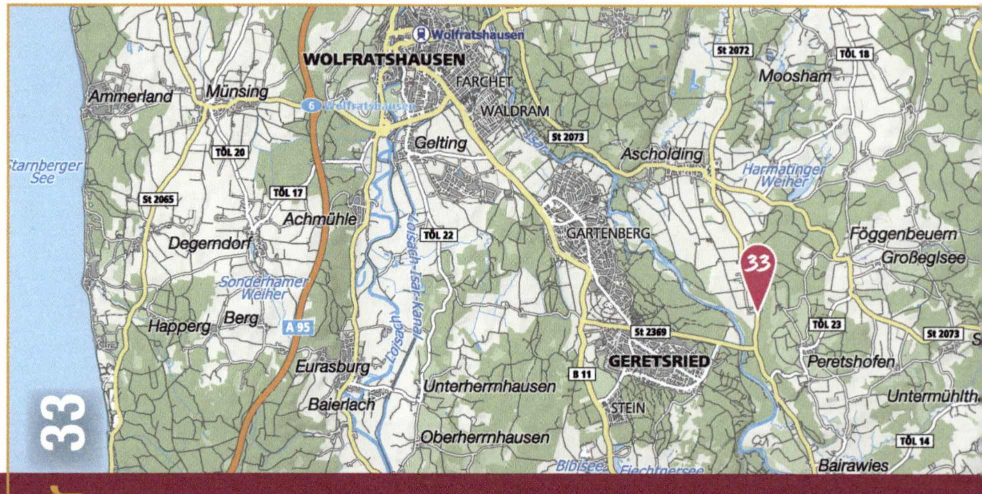

33 Panoramatour

Start & Ziel & Anreise

Ausgangspunkt der Tour ist die Bushaltestelle in Tattenkofen. Mit dem Auto auf der BAB A95 München–Garmisch-Partenkirchen zur Ausfahrt 6 Wolfratshausen. Auf die B11a nach Wolfratshausen abbiegen bis zur B11. Dort rechts auf der B11 über Gartenberg nach Geretsried. Am Kreisverkehr links zur St2369 über die Isar und anschließend links nach Tattenkofen. Zudem erreichen wir mit der Buslinie 381 und 377 von Wolfratshausen unseren Ausgangsort Tattenkofen.

Tourenbeschreibung

Bei der Bushaltestelle von Tattenkofen gehen wir auf dem Traktorweg an der Bergseite etwa 200 Meter an der Straße entlang, dann schräg links bergauf in den Wald hinein. Oben kommen wir zu einer Wiese, über die wir zu einem asphaltierten Fahrweg gelangen. Dem Fahrweg geradeaus hinauf Richtung Peretshofen folgen und an der zweiten Abzweigung rechts auf eine Traktorspur abbiegen. Sie dreht links ab und stößt zum Rastplatz auf der Peretshofer Höhe mit großartiger Aussicht zu den Bergen.

Nun nach Peretshofen hinein und am Ende der Straße rechts abzweigen in den Steinsberger Weg zur Dorfmitte. Dort erhebt sich die Pfarrkirche Maria Geburt. Gegenüber steht das Gasthaus von Joseph Huber, einfach urig. Nun nach rechts auf der Humbacher Straße aus Peretshofen hinausgehen und geradeaus weiter durch das Dorf Rampertshofen. Das schmale Sträßchen führt jetzt über sanfte

Wiesenhügel in Richtung Bairawies. Zuvor kommen wir am Weiler Kappelsberg vorbei, bevor sich das Sträßchen „Auf der Tränke" deutlich abfallend ins Tal zu den ersten Häusern von Bairawies schlängelt. Rechts biegen wir in die Dorfstraße ein, kommen an der Kirche St. Koloman vorüber, die erhaben rechts der Straße liegt, und gehen durch den Ort. An der Verzweigung wenden wir uns nach links zum Hechenberger Weg, der zur Staatsstraße an der Isar führt. Vor der Staatsstraße links auf den Weg, dann erneut links steil die Traktorspur zur Hechenberger Leite bergauf zum Hochfeldweg in Hechenberg. Hier erreichen wir zwischen den Weidezäunen den Aussichtspunkt mit super Aussicht zu den Bergen des Isarwinkels.

Dort rechts vorbei und in den Wald hinein wieder bergabgehen. Nach der Waldetappe kommen wir zu ausgedehnten Weideflächen und dem Verlauf von Traktorspuren folgend zur Kreisstraße. Auf ihr links zurück nach Bairawies zur Dorfstraße. Wir halten uns rechts durch den Ort, kommen wieder an St. Koloman vorbei und biegen links nach Punding ab. Bergauf lassen wir Punding rechts liegen und stoßen auf einen asphaltierten Fahrweg am Waldrand. Hier geht es schräg links hinüber und nach Peretshofen hinauf.

Dort wandern wir links am Ortsrand entlang, dann rechts auf dem Stockacher Weg zur Kirche. An der Humbacher Straße rechts zum Steinsberger Weg und anschließend auf dem Hinweg hinunter ins Tal zum Ausgangspunkt.

Die Kirche in Rampertshofen

34

Burg
Moraltalm
Café am Wald
Obermühl
Klammerwhr.
658
Eichmühle
13
Greiling
706
Hoheneck
Altes Fährhaus
Kalvarienberg
707
Aigenhaus
Bayer. Oberlandbahn
Schwaig
Enzianbrennerei Schwaighofer
34
BAD TÖLZ
Bad Tölz
Stadt-museum
Bulle von Tölz Museum
Maxl-weiher
DAV-Kletterzentrum
Straß
All
Kurhaus
701
Hacker-Pschorr-Arena
729
Kiefersau
Clubhaus Bergwacht-Trainingszentr.
Flinthöhe
Reit
Attenloh
472
Spielhahnjäger-Denkmal
738
Fürholzert
Karwendel-Siedlung
Sonnershof
Dorf
Bocks-
Attenloher Filzen
Reut
Sauersberg
Dachshöhle
St. Anna-Quelle
Kleine Gaißach
Gaißach
Burger
leiten
749
Gr. Gaißach
Hub
Untergries
Bohmerhof
Mühle
Jodquellen
Knapp
13
Ghs. Mühle
Hochfilzen
Bach
Wackersberg
748
Zachschuster
Altwirt
Lehen
Wetzl
Bibermühle
Pfistern
Pest-Kapelle
Stein-pyramiden
Wiedmoos
Schwaiger
Höfen
Lexen
Isar
Waldherralm
Ober Hirschalm
Lehen
Puchen
Moosen
Schw
Schnait
Ott
Schürfenkopf
1096
Unter Hirschalm
Steinbach
Schalchern
Unterreuth
Schalch unterm Berg
Taxern
Oberreuth
Lus
Grundern
Lain
Arzbach
Schusterpeter
Kellern
Isarwinkler Bräustüberl
Sport-stüberl
Blaika
Schweizer-wirt
Obergries
Untermberg
Lex
Arzbacher Hof
Rain
Draxlalm
Reiserlift
Brunnlochner
Seiboldhöfe
Untersteinbach
Arzbach
Adelwartalm
Ertlhöfe
Obersteinbach
Steinbach
Dr. Alpenstraße
Steinbach
Am Keilkopf
Moralthof
Bairahof
Zum Hansbauer
Unterluß
Keilkopf
845
Schlegldorf
Denkalm
970
1125
Rieschenhöfe
Bayer. Oberlandbahn
728
Pfundalm
Kranzer
Isarburg
Tratenbach
Am Tratenbach
Wasenstein
952
34
Heimatmuseum
Lenggries
679
ehem. Kaserne
0 500m
Luitpolderhöfe
Vorderleitenberg
Freizeitarena Brauneck
Falken-hof
Fest-platz
1057

Lenggries – Bad Tölz

Durch den Isarwinkel

DAUER	3h
LÄNGE	11,7 km
AUFSTIEG	50 hm
SCHWIERIGKEIT	LEICHT
MIT ÖFFIS ERREICHBAR	ja

Das erwartet dich ...

Diese leichte Streckenwanderung von Lenggries nach Bad Tölz führt über lange Strecken durch die Auen der Isar entlang der Deutschen Alpenstraße. Von ihrem Ursprung im Karwendel bis nach Bad Tölz bietet die Isar ein reiches Mosaik an Lebensräumen. Deshalb wurde die gesamte Wildflusslandschaft als Landschafts- oder Naturschutzgebiet ausgezeichnet. Bei Hochwasser wird die Au oft überflutet. Die Auswahl an Cafés, Gasthäusern und Hotels in Lenggries und Bad Tölz ist überaus groß.

Flusstour 34

Start & Ziel & Anreise

Los geht es am Parkplatz beim Bahnhof Lenggries. Mit dem Auto auf der BAB A8 München–Salzburg bis Ausfahrt 97 Holzkirchen. Auf der B318 bis Ausfahrt zur B13 nach Holzkirchen. Der B13 folgen nach Bad Tölz bis zur B472 und weiter auf der B13 nach Lenggries zum Bahnhof. Mit der Bayerischen Oberlandbahn RB56 von München zum Bahnhof Lenggries.

Tourenbeschreibung

Die Wanderung beginnt direkt beim Bahnhof von Lenggries. Von dort geht es auf der Zufahrt zum Bahnhof zurück zur Isarbrücke. Wir gehen auf die Brücke und dann links die Treppe zum Damm zwischen Autostraße und Isar hinunter. Zwischen Hecken und Wald bringt er uns recht beschaulich Richtung Bad Tölz, bis man beim Steinbach auf ein paar Meter zur stark befahrenen Bundesstraße hinauf muss. Gleich darauf dreht der Weg wieder nach links in die Au ab und führt auf Arzbach links der Isar zu. Kurz vor dem Dorf quert der Wanderweg auf einem Steg die Isar nach links.

Gleich darauf geht es vor den Sportplätzen in Arzbach rechts zur Isar hinunter auf den Isarradweg. Am Ortsende von Arzbach wenden wir uns kurz links vom Ufer ab, dann gleich rechts auf den Fahrweg, der Richtung Steinbach führt. So geht es lange ohne spürbare Steigung über die Auwiesen dahin. Am

Ende einer kargen Wiese hinter Steinbach können wir dem Isarradweg weiter folgen oder aber auf einen Pfad direkt am Ufer entlangwandern. Er führt an den Isarradweg zurück. Dort ist auch der Abzweig, wo ehemals die legendären Steinpyramiden in „Klein Kairo" standen, mittlerweile von den Hochwassern fortgetragen.

Zurück und rechts auf den Isarradweg über kargem Boden und dichtem Auwald zu den Ausläufern von Bad Tölz. An der Brücke der Bundesstraße 472, am Flößerdenkmal entlang der Arzbacher- und der Bockschützstraße zur Brücke am Amortplatz gehen.

Dort gehen wir die Treppe zur Brücke hinauf und in die Altstadt hinüber. Die prachtvolle Marktstraße führt uns hinauf zur Salzstraße an der Mühlfeldkirche vorbei zur Bahnhofstraße. Rechts biegen wir ein und folgen ihr nach links zum Bahnhof. Mit der Oberlandbahn können wir nach Lenggries zurück oder vielleicht gleich nach Hause fahren.

Autoren Tipp

Die Wurzeln der Isarstadt Bad Tölz reichen bis ins frühe 13. Jahrhundert zurück. Wegen seiner Lage an der Isar und an der Schnittstelle von zwei wichtigen Salzhandelswegen hat es Tölz zu großem Reichtum gebracht. Die Isar war wegen ihrer Befahrbarkeit mit Flößen eine bedeutsame Handels- und Verkehrsverbindung, die den Wohlstand der Tölzer Bevölkerung mehrte. Gewürze, Stoffe und vor allem Wein kamen aus Italien, Holz aus den Wäldern des Isarwinkels. Nicht von ungefähr wird die Marktstraße als „schönster Festsaal des Oberlandes" gerühmt.

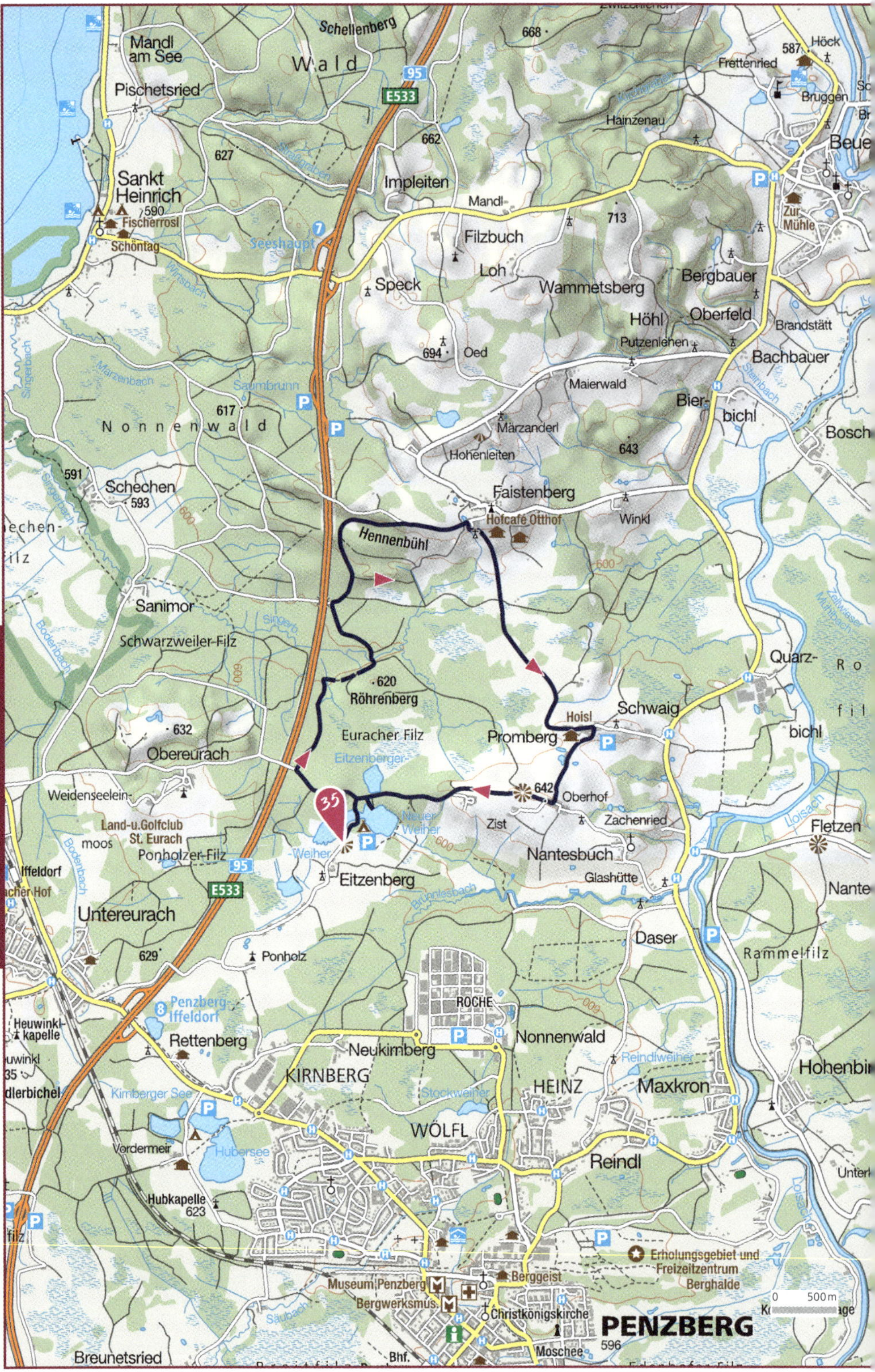

35

Schellenberg
Mandl am See
Wald
Pischetsried
95
E533
668
587
Höck
Frettenried
Bruggen
Hainzenau
662
627
Impleiten
Sankt Heinrich
590
Fischerrosl
Schöntag
Seeshaupt
7
Mandl
Filzbuch
713
Zur Mühle
Loh
Speck
Wammetsberg
Bergbauer
Höhl
Oberfeld
Brandstätt
694
Oed
Putzenlehen
Bachbauer
Marzenbach
Singerbach
Saumbrunn
Maierwald
Nonnenwald
617
Bierbichl
Märzanderl
Bosch
Hohenleiten
643
591
Schechen
593
Faistenberg
Hofcafé Otthof
Winkl
Hennenbühl
600
Sanimor
Schwarzweiler-Filz
Quarz-bichl
620
Röhrenberg
Hoisl
Schwaig
632
Eurach Filz
Promberg
Obereurach
Eitzenberger-
642
Oberhof
Weidenseelein-
Neuer Weiher
Zachenried
Land-u.Golfclub St. Eurach
moos
Zist
Fletzen
Ponholzer-Filz
Weiher
Nantesbuch
Iffeldorf
Eitzenberg
Glashütte
E533
Brunnlesbach
Untereurach
Daser
629
Ponholz
Rammelfilz
Penzberg-Iffeldorf
ROCHE
8
Heuwinkl-kapelle
Rettenberg
Nonnenwald
Neukirnberg
Reindlweiher
KIRNBERG
HEINZ
Maxkron
Kirnberger See
Stockweiher
WÖLFL
Vordermeir
Hubersee
Reindl
Hubkapelle
623
Erholungsgebiet und Freizeitzentrum Berghalde
Museum Penzberg
Berggeist
Bergwerksmus.
Christkönigskirche
PENZBERG
596
Breunetsried
Bhf.
Moschee
0 500 m

Panoramatour 35

Eitzenberg – Faistenberg

Um den Euracher Filz

DAUER	2h 45min
LÄNGE	9 km
AUFSTIEG	170 hm
SCHWIERIGKEIT	LEICHT
MIT ÖFFIS ERREICHBAR	nein

Das erwartet dich ...

Die aussichtsreiche Rundwanderung führt durch die Filze nahe der Loisach. Die Eitzenberger Weiher, das sind der Holzweiher, der Alte Weiher mit einem schönen Naturbad und der Neue Weiher, umgeben von Wald und Filzen. Am Rande der Filze geht es hinauf zum 653 Meter hohen Hennenbühl mit schönem Alpenblick. Ab Schwaig geht es durch die Mooswiesen und dann wieder hinauf zum Oberhof mit einer herrlichen Aussicht über das Voralpenland. Das kleine Hofcafé am Otthof und das Landhotel Hoisl-Bräu laden zum Schmausen ein.

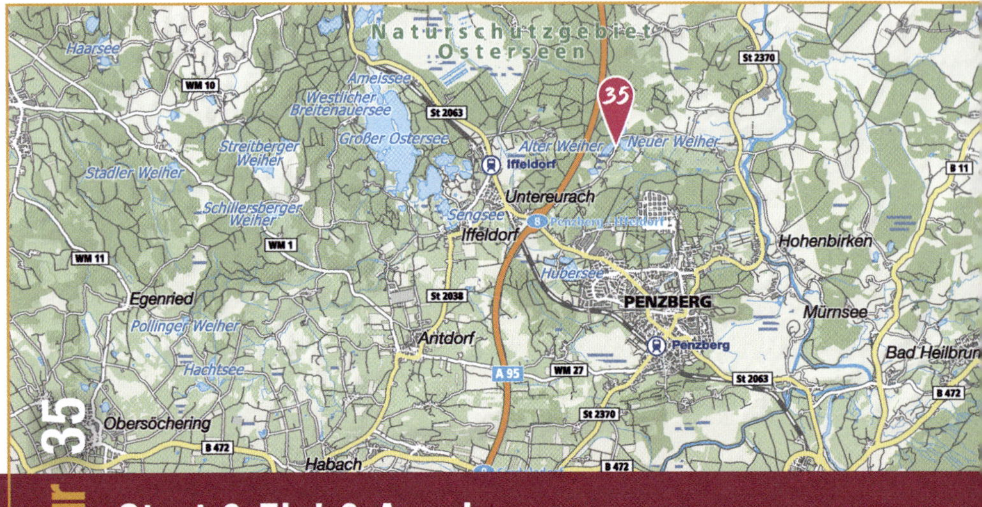

Start & Ziel & Anreise

Los geht es am Parkplatz an den Eitzenberger Weihern in Iffeldorf-Eitzenberg. Mit dem Auto auf der BAB A95 München-Garmisch-Partenkirchen bis zur Ausfahrt 8 Penzberg/Iffeldorf fahren. Richtung Iffeldorf abbiegen und vor dem Ortsrand rechts auf der schmalen Straße zum Weiler Eitzenberg und zum Parkplatz am Weiher.

Tourenbeschreibung

Vom Parkplatz am Alten Weiher folgen wir dem Asphaltsträßchen zum Badegelände hinab und gehen zwischen Altem und Neuem Weiher hindurch. Bei der ersten Abzweigung gehen wir nach links und folgen dem Kiessträßchen bis vor die Autobahn. Dann nach rechts am Rande des Euracher Filzes entlang zum Wendeplatz. Hier endet die Forststraße und ein Fußweg führt nach rechts unterhalb des Röhrenbergs entlang zu einem Abzweig.

Weiter geht es links über den Singerbach, dabei halten wir uns links und wandern hinauf vor die Autobahn. Dort gehen wir rechts und folgen dem anfangs breiten, dann schmaler werdenden Weg hinauf auf den Hennenbühl. Ein asphaltiertes Sträßchen führt uns rechts zu einen großen Baum, von dem man die Aussicht auf das Voralpenland genießen kann. Kurz vor Faistenberg gibt es am Otthof ein gemütliches Hofcafé.

Hier heißt es rechts einbiegen und dem Weg hinunter über die Wiese ins Kohlfilz. Im Filz gibt es nur noch einen Fußweg, der aber wieder breiter wird und an einem großen Baum vorbei an die Einmündung zum Sträßchen nach Promberg führt. Rechts geht man nach Promberg und kann im Landhotel Hoisl-Bräu mit schönem Ausblick einkehren.

Vom Hoisl-Bräu wandern wir auf dem Fahrweg hinauf zum Oberhof. Dort dann rechts zur schönen Aussicht am Bildstock weiter. Auf dem Höhenrücken und am Seminarzentrum Zist vorbei gelangen wir hinunter zu den Eitzenberger Weihern. Der Alte Weiher ist ein wahres Badeparadies mit ausgezeichneter Waserqualität, während die Moorweiher zum Angeln genutzt werden. Wieder zwischen den Weihern hindurch linkshaltend kommt man zum Ausgangspunkt der Wanderung nach Eitzenberg zurück.

Im Garten des Hoisl-Bräu kann entspannt geschmaust werden

Reichenkam
See-
heim
Holzhausen
a. Stamberger See
Café
Attenkam
Degemdorfer Weiher
Maria-Dank-Kapelle
Sonderham
Landhotel Huber am See
Oberambach
Kuglmühle
Ambach
Zum Fischmeister
Weidenkam
Luidenkam
Strobelmühle
Birklkam
Happerg
Berg
Bernried
Bern-
rieder
Park
Stein-
grub
Weiherweber
Schallenkam
Mühljörg
St. Kastulus
Schwarzlehen
Rohr
Hirth
Grenzengraben
Buchscham
Eurasburger
NSG
Buchscharner Seewirt
Schellenberg
Mandl am See
Wald
Pischetsried
E533
Restaurant zum kleinen Seehaus
Sankt Heinrich
Fischerrosl
Schöntag
Impleiten
Mandl
Filzbuch
Loh
Speck
Biergarten Lidl
Seeshaupt
Seegerichtssäule
Rest. Café am See
Seeresidenz Alte Post
Rest. Lido
Gartensee
Ursee
Ostersee-
filz
Gröbensee
Lustsee
Stechsee
Naturschutzgebiet
Osterseen
Weid-
Schechen-
filz
Schechen
Singerbach
Marzenbach
Saumbrunn
Nonnenwald
Wirtsbach
Straßgraben
Oed
Märzanderl
Hohenleiten
Faistenber
Hennenbühl
0 500 m

36

Seetour

St.-Kastulus-Kapelle

Auf Wallfahrt am Ostufer des Starnberger Sees

DAUER	2h 30min
LÄNGE	9,7 km
AUFSTIEG	80 hm
SCHWIERIGKEIT	LEICHT
MIT ÖFFIS ERREICHBAR	nein

Das erwartet dich ...

Einfache Rundwanderung am südöstlichen Ufer des Starnberger Sees. Von Sankt Heinrich aus auf die bewaldeten Höhen des Eurasburger Waldes zu einsamen Weilern auf wiesengrünen Lichtungen bis zur Kapelle St. Kastulus hinauf. Dann entlang des Seeufers mit reichlich Badegelegenheit zwischen St. Heinrich und Ambach. Kioske mit Erfrischungen gibt es an den Badestellen am Seeufer, in Buscharn den Buscharner Seewirt und in Sankt Heinrich das Restaurant zum kleinen Seehaus sowie die Fischerrosl.

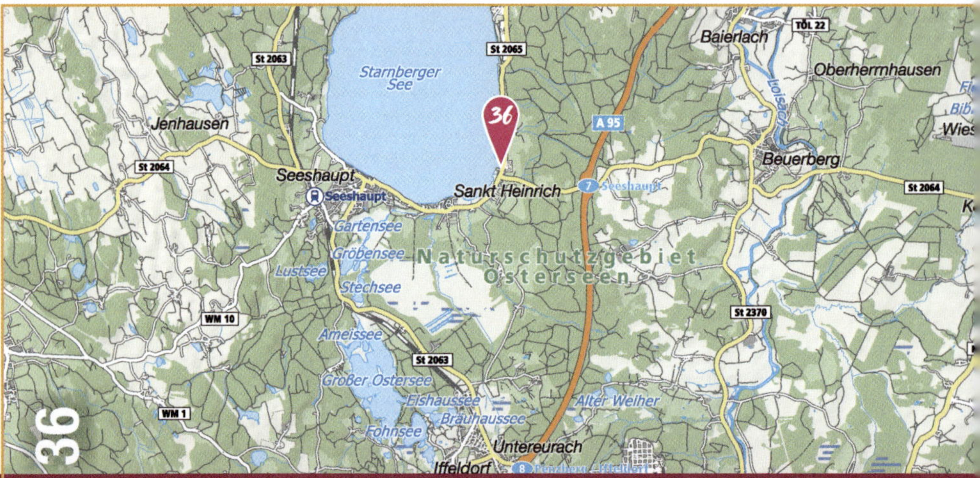

Start & Ziel & Anreise

Ausgangspunkt ist der Parkplatz beim Strandbad in St. Heinrich. Mit dem Auto auf der BAB A95 München–Garmisch-Partenkirchen bis Ausfahrt 7 Seeshaupt. Richtung Sankt Heinrich und Seeshaupt abbiegen. In Sankt Heinrich bei der Kirche rechts einbiegen und gleich links zum Parkplatz am Strandbad.

Tourenbeschreibung

Vom Parkplatz beim Strandbad Sankt Heinrich geht es in Richtung See hinab und noch vor dem Ufer nach rechts auf den Fuß- und Radweg Richtung Strandbad am Seehaus. An der Zufahrtsstraße zum Parkplatz des Jachtclubs halten wir uns rechts zur Uferstraße. Hier kurz links und gleich rechts hinauf nach Pischetsried. Am Weiler wandern wir geradeaus nach Mandl am See. Hinter den Häusern von Mandl an der scharfen Fahrwegkurve gehen wir geradeaus, dem Fußweg erst oberhalb der Uferstraße folgend, dann hinunter an die Uferstraße.

Hier knickt vor einem Bach der Weg rechts weg und stößt auf einen Fahrweg. Hier gehen wir links über den Bach und an die Uferstraße mit dem gegenüberliegenden Parkplatz. Der Wanderweg bleibt auf der Straßenseite und führt weiter geradeaus zu einer Lichtung, an der ein Bach überschritten wird. Am Abzweig halten wir uns links, am folgenden Abzweig geradeaus und folgen dem Weg in einer lang gezogenen Rechtskurve zu einer Verzweigung. Hier links weiter den Weg hinaufgehen und wir gelangen zu einer Lichtung und an einen Querweg. Links führt eine Schlepperspur zu einem Burgstall, von dem nur noch leichte Böschungen sind sichtbar. In der Einöde Schallenkam kommen wir zur katholischen Kapelle St.-Kastulus, die 1678 vom Kloster Beuerberg errichtet wurde. Von der Größe her wirkt sie schon fast wie eine Kirche.

Nun zurück zum Wegedreieck und rechts ganz hinunter an die Uferstraße. An der letzten Rechtskurve aber links auf den Fußweg zur Uferstraße, diese queren und zwischen dem Campingplatz hindurch zum Erfrischen an den Kiosk. Ab hier führt die Wanderung nun direkt am Seeufer entlang nach Buchscharn zum Seewirt. Erst geht es unterhalb der Uferstraße weiter, dann zur Uferstraße hinauf. Dort dann auf den parallelen Weg der Straße folgen. Bald quert man die Zufahrt zum Restaurant Zum kleinen Seehaus und folgt nun dem Hinweg zurück an den Ausgangspunkt.

Das Ambacher Erholungsgebiet lädt zum Verweilen ein

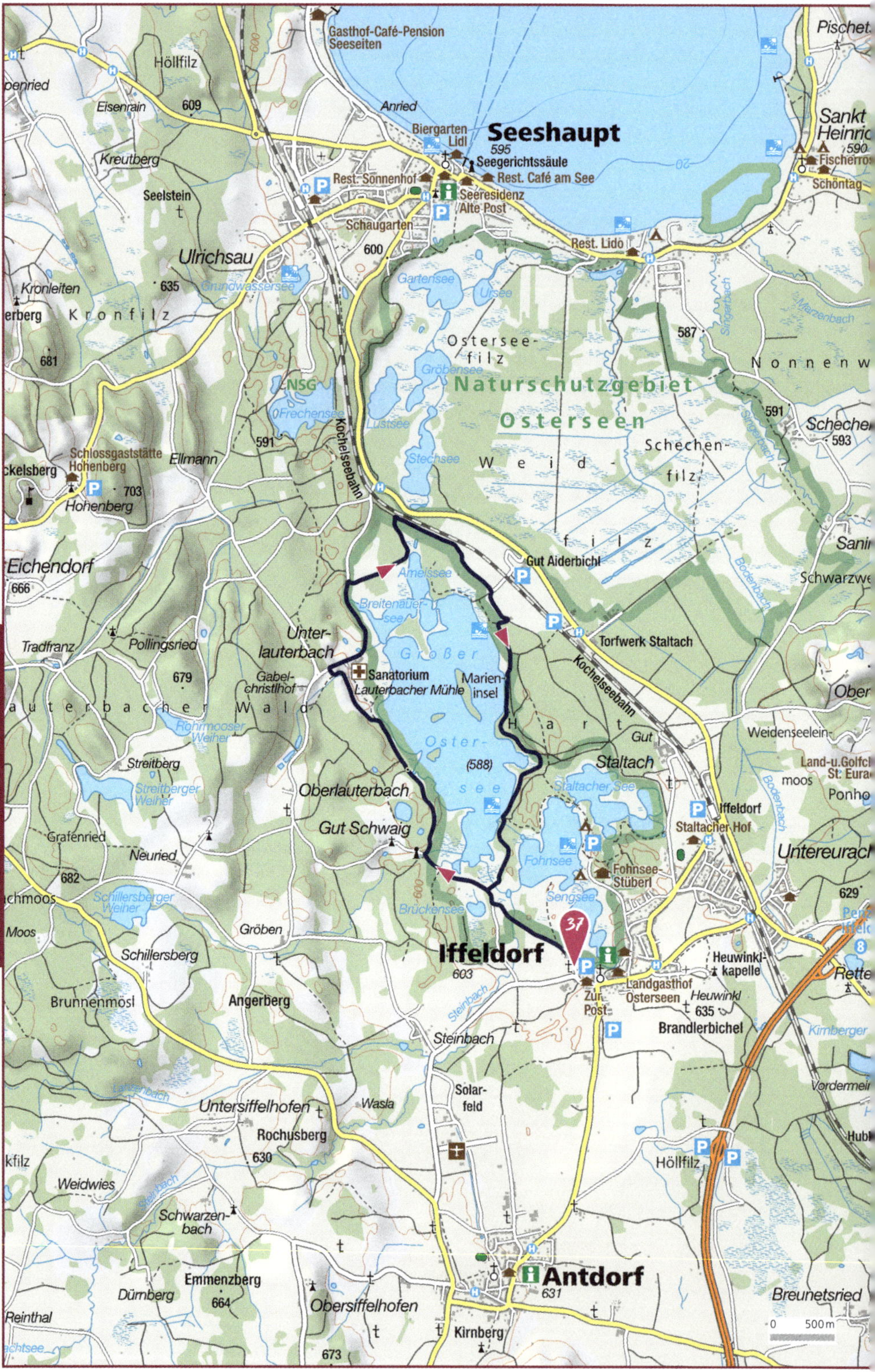

Gasthof-Café-Pension Seeseiten
Höllfilz
Eisenrain
609
Kreutberg
Seelstein
Ulrichsau
Kronleiten
635
Kronfilz
681
Grundwassersee
Anried
Biergarten Lidl
Seeshaupt
595
Seegerichtssäule
Rest. Sonnenhof
Rest. Café am See
Seeresidenz Alte Post
Schaugarten
600
Rest. Lido
Pischetsried
Sankt Heinrich
590
Fischerrosl
Schöntag
Gartensee
Ursee
Ostersee-filz
Gröbensee
Naturschutzgebiet Osterseen
587
Nonnenwald
NSG
Frechensee
Lustsee
Stechsee
Weid-filz
Schechen-filz
591
Schechen
593
Schlossgaststätte Hohenberg
Ellmann
Hohenberg
703
Kochelseebahn
Gut Aiderbichl
Eichendorf
666
Amelssee
Breitenauer-see
Großer Ostersee
(588)
Marien-insel
Torfwerk Staltach
Unter-lauterbach
Sanatorium Lauterbacher Mühle
Gabel-christlhof
Tradfranz
Pollingsried
679
Lauterbacher Wald
Rohrmooser Weiher
Hart
Gut Staltach
Weidenseelein-moos
Land-u. Golfclub St. Eurach
Ponholz
Streitberg
Streitberger Weiher
Oberlauterbach
Gut Schwaig
Staltacher See
Iffeldorf
Staltacher Hof
Fohnsee
Fohnsee-Stüberl
Untereurach
629
Grafenried
Neuried
682
Schillersberger Weiher
Brückensee
Sengsee
37
Moos
Gröben
Schillersberg
Iffeldorf
603
Landgasthof Osterseen
Zur Post
Heuwinkl-kapelle
Heuwinkl
635
Brandlerbichel
Brunnenmösl
Angerberg
Steinbach
Kimberger
Vordermeir
Untersiffelhofen
Wasla
Solar-feld
Rochusberg
630
Höllfilz
Weidwies
Schwarzen-bach
Emmenzberg
664
Antdorf
631
Dürnberg
Obersiffelhofen
Reinthal
Kirnberg
673
Breunetsried
0 500 m

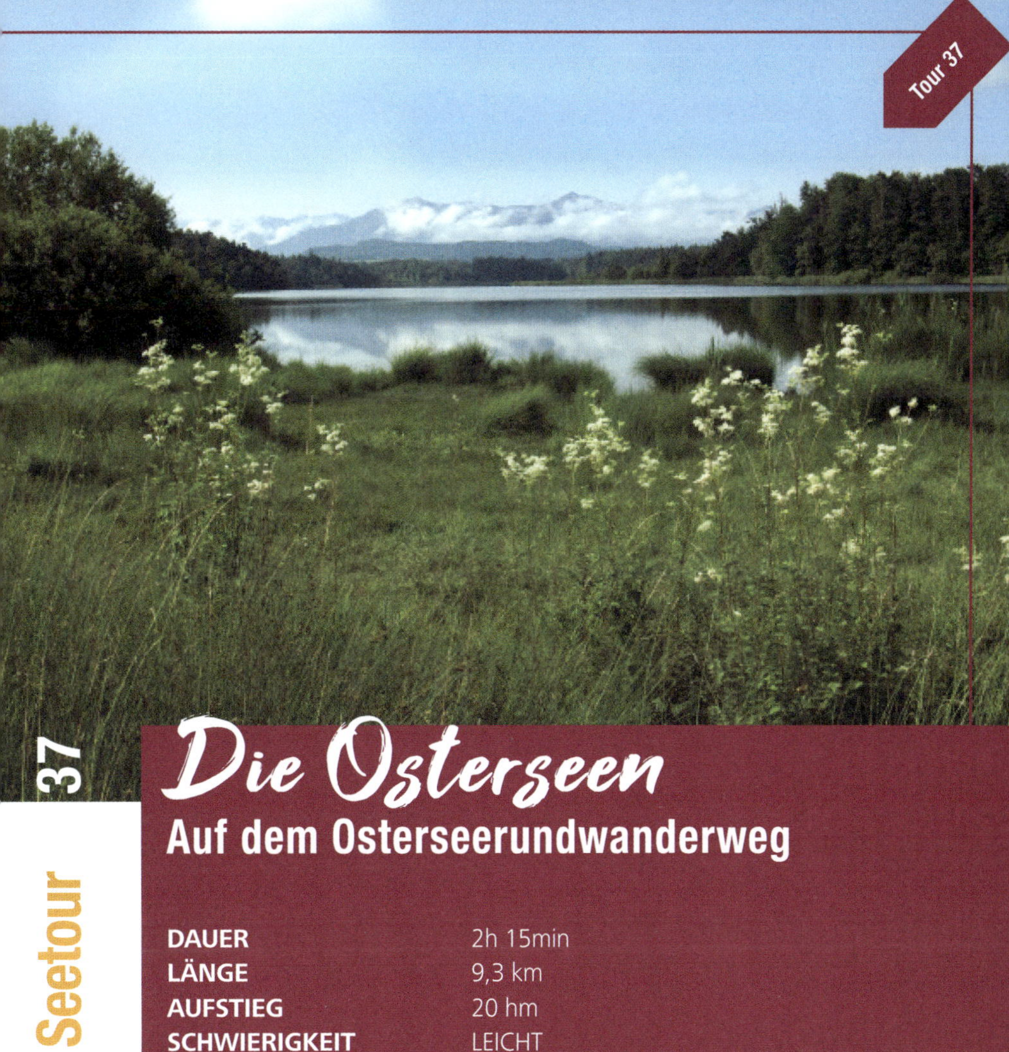

Die Osterseen

Auf dem Osterseerundwanderweg

DAUER	2h 15min
LÄNGE	9,3 km
AUFSTIEG	20 hm
SCHWIERIGKEIT	LEICHT
MIT ÖFFIS ERREICHBAR	nein

Das erwartet dich ...

Einfache Wanderung auf dem Osterseerundweg durch eine von der Eiszeit geprägten einmaligen Landschaft. Mit Wasser gefüllte Toteislöcher wie die Blaue Gumpe am Südende des Großen Ostersees sind eindrucksvolle Zeugnisse der letzten Eiszeit. Romantische Mischwälder und Moorgebiete, traumhafte Ausblicke über die schimmernden Seen bis hin zu den Bayerischen Alpen sorgen für ein eindrucksvolles Naturerlebnis im Naturschutzgebiet Osterseen. Der Weg ist mit der Nummer 25 blau markiert. In Iffeldorf gibt es einige Cafés und Restaurants.

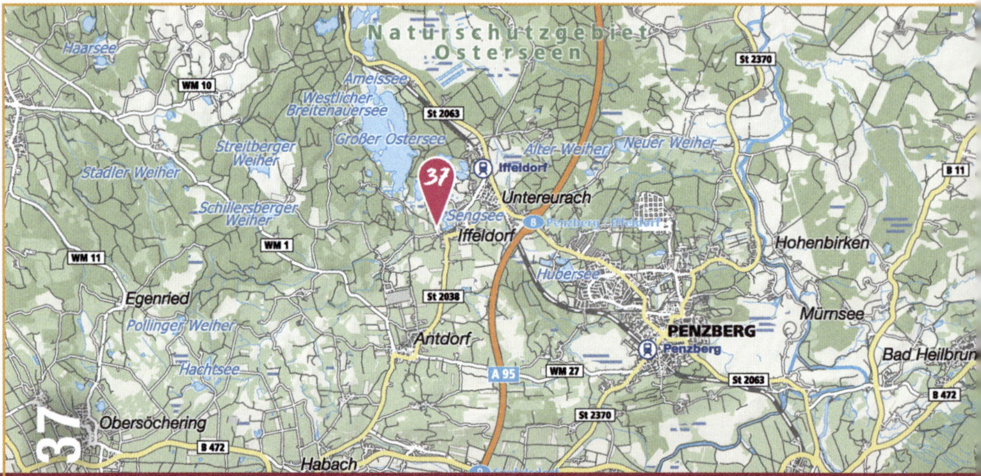

Start & Ziel & Anreise

Ausgangspunkt ist der Wanderparkplatz Jägergasse bei der Kirche St. Vitus in Iffeldorf. Mit dem Auto auf der BAB A95 München–Garmisch-Partenkirchen bis Ausfahrt Penzberg/Iffeldorf. Nach Iffeldorf abbiegen und in Untereurach links über den Bahnübergang ins Zentrum von Iffeldorf. Hinter der Kirche rechts in die Jägergasse zum Parkplatz einbiegen.

Tourenbeschreibung

Die Wanderung beginnt beim kostenpflichtigen Wanderparkplatz Osterseen an der Station für Gewässerforschung. Der Fußweg führt über Feuchtwiesen und Felder am Waldsaum entlang nahe am Brückensee vorbei. Die Abzweige rechts und links ignorieren wir und wandern weiter bis zur Wegekreuzung. Dort verlassen wir das asphaltierte Sträßchen, biegen rechts ab und folgen dem Wegweiser nach Lauterbach. Der Wanderweg verläuft nun am malerischen Ufer des Großen Ostersees entlang. Schon bald erreichen wir die Rehaklinik Lauterbacher Mühle.

Am Parkplatz stößt der Wanderweg auf die Zufahrtsstraße zur Klinik. Hier rechts und auf dem Sträßchen entlang. Links liegt ein bewaldeter Hang, rechts sind weitere Feuchtwiesen und der Breitenauer See. An einem Rastplatz verlassen wir die Straße nach rechts und gehen auf dem Wanderweg zum Nordufer des Ameissees. Im weiteren Verlauf kommen wir zur Bahnlinie, die nach Iffeldorf führt. Dort gehen wir nach rechts und parallel zur Bahn Richtung Gut Aiderbichl.

Am Abzweig zum Gut Aiderbichl halten wir uns halb rechts bis an das Wäldchen. Davor wandern wir nun rechts und gleich links durch den Wald an das Ufer des Großes Ostersee. Gegenüber erblickt man die Marieninsel. Der Uferfußweg kommt an eine Brücke. Dort gehen wir rechts über die Brücke und geradeaus zu einem Steg, von dem aus man die Blaue Gumpe sehen kann.

Sie ist typisch für die vielen Quelltrichter, die die Osterseen speisen. Die Wände der Blauen Gumpe sind überzogen von weißen Kalkablagerungen, die mit dem stark kalkhaltigen Quellwasser ausgeschieden werden. Da das Wasser eine gleichbleibende Temperatur von 10 °C hat, friert der See dort nie zu. An besonders kalten Wintertagen bildet sich deshalb über der Blauen Gumpe eine Wasserdampfwolke.

Anschließend gelangen wir an das asphaltierte Sträßchen vor dem Brückensee. Hier schließt sich der Kreis unserer Rundwanderung. Nochmals links und gleich wieder links auf den Fußweg zurück zu unserem Ausgangspunkt.

Autoren Tipp

Auf der Wanderung kommt man an Gut Aiderbichl vorbei. Es ist ein ideales Ausflugsziel für die ganze Familie. Hier leben mehr als 300 gerettete Tiere, darunter viele Katzen, Hunde, Pferde, Esel, Rinder sowie die legendäre Kameldame Franziska. Alle geretteten Tiere, die auf den Aiderbichler Höfen und Gütern leben, haben ihr Bleiberecht bis an ihr natürliches Lebensende. Die Aiderbichler Philosophie lautet: Die Humanität darf beim Menschen nicht enden. Der Besuch ist das ganze Jahr über möglich und ist mit einem Eintrittspreis verbunden.

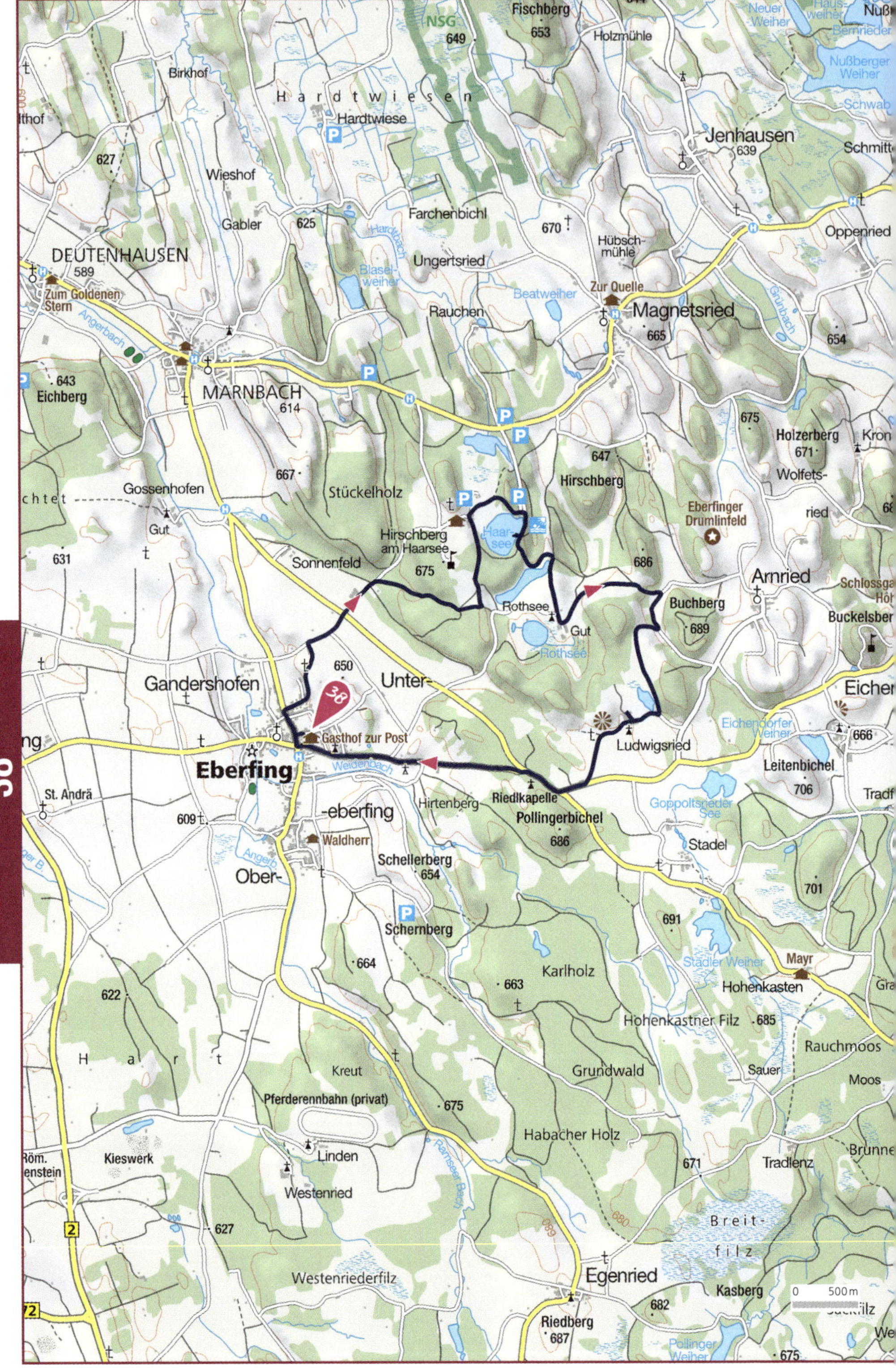
Fischberg
653
NSG
649
Holzmühle
Neuer Weiher
Hausweiher
Nußberger Weiher
Bernrieder
Birkhof
Hardtwiesen
Hardtwiese
Jenhausen
639
Schmitt
627
Wieshof
Gabler
625
Farchenbichl
670
Hübschmühle
Oppenried
DEUTENHAUSEN
589
Zum Goldenen Stern
Angerbach
Hardtbach
Blaselweiher
Ungertsried
Rauchen
Beatweiher
Zur Quelle
Magnetsried
665
Grünbach
654
643
Eichberg
MARNBACH
614
675
Holzerberg
671
647
Hirschberg
Wolfetsried
667
Gossenhofen
Gut
Stückelholz
Hirschberg am Haarsee
Haarsee
Eberfinger Drumlinfeld
631
Sonnenfeld
675
686
Arnried
Schlossgarten
Rothsee
Gut
Rothsee
Buchberg
689
Buckelsberg
650
Gandershofen
Unter-
Eichen
38
Gasthof zur Post
Ludwigsried
Eichendorfer Weiher
666
Eberfing
Weidenbach
Leitenbichel
706
St. Andrä
609
Hirtenberg
Riedlkapelle
Pollingerbichel
686
Goppoltsrieder See
-eberfing
Waldherr
Stadel
Ober-
Schellerberg
654
701
Schernberg
691
664
Stadler Weiher
Mayr
Hohenkasten
622
663
Karlholz
Hohenkastner Filz
685
Rauchmoos
Hart
Kreut
Grundwald
Sauer
Moos
Pferderennbahn (privat)
675
Habacher Holz
Brunne
Kieswerk
Linden
671
Tradlenz
Westenried
Ramseer Bach
Breitfilz
2
627
680
Egenried
Westenriederfilz
Kasberg
0 500 m
682
Riedberg
687
Pollinger Weiher
675

Eberfinger Drumlinfeld

Zwischen den Hügeln von See zu See

DAUER	2h 45min
LÄNGE	10,5 km
AUFSTIEG	160 hm
SCHWIERIGKEIT	LEICHT
MIT ÖFFIS ERREICHBAR	nein

Das erwartet dich ...

Auf dieser Rundwanderung ins Drumlinfeld bei Eberfing, zu den Seen zwischen den Hügeln, gibt es eine prächtige Aussicht auf die Alpenkette. Im Gasthaus zur Post am Ausgangspunkt und Endpunkt der Wanderung kehren wir ein und lassen es uns richtig gutgehen.

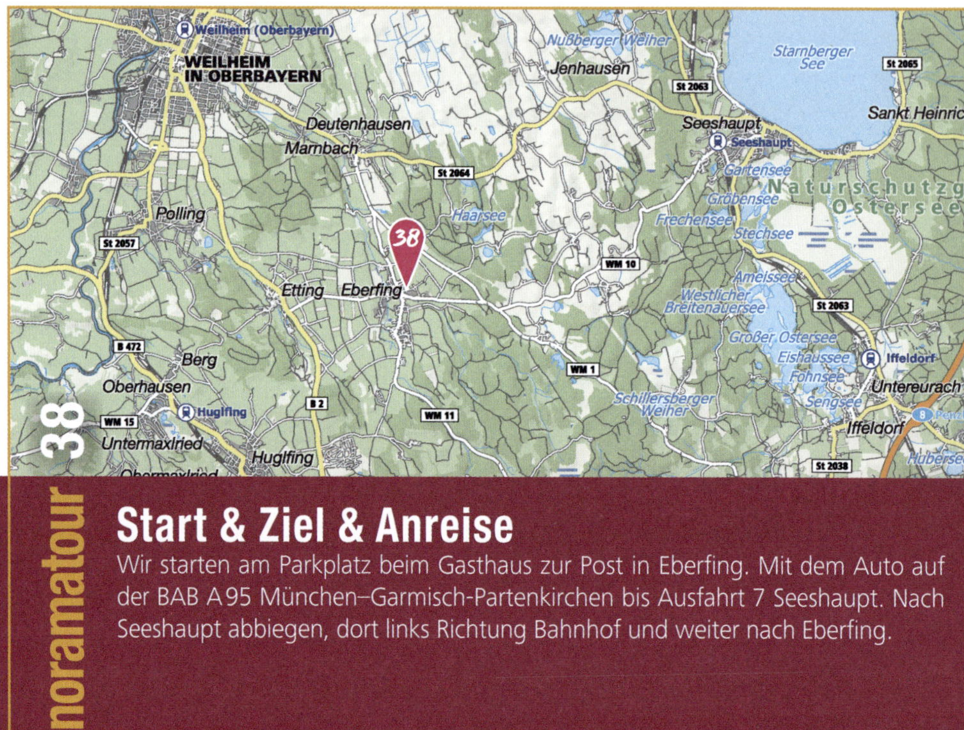

Panoramatour 38

Start & Ziel & Anreise

Wir starten am Parkplatz beim Gasthaus zur Post in Eberfing. Mit dem Auto auf der BAB A95 München–Garmisch-Partenkirchen bis Ausfahrt 7 Seeshaupt. Nach Seeshaupt abbiegen, dort links Richtung Bahnhof und weiter nach Eberfing.

Tourenbeschreibung

Vom Gasthaus zur Post in Eberfing gehen wir auf der Weilheimer Straße bis zur Mariensäule an der Haarseestraße. Dort rechts und am Bildstock vorbei gelangen wir an eine kaum befahrene Straße, der wir bis zur Kreisstraße gehen. Gegenüber führt die Wanderung an einem Hof vorbei zum zweiten Abzweig und rechts zu, einem Fahrweg. Ihm folgen wir durch den Wald zu einer Lichtung, an der wir noch ein wenig am Waldrand geradeaus wandern und dann links zu den Stadeln abbiegen. Vor ihnen zweigt ein schmaler Weg unterhalb von Schloss Hirschberg rechts ab. Am eingezäunten Schlossgarten entlang erreichen wir den Haarsee und den Weiler Hirschberg. Die Gebäude werden von der Forstverwaltung genutzt. Das romantische Schloss ist in privatem Besitz, leider nicht zu besichtigen.

Nun rechts und am Ufer um den Haarsee herum zu einem Parkplatz am Seeufer. Auf den Weg nach rechts abbiegen und weiter um den See herumgehen. Bald wieder rechtshaltend, nun am Bach entlang, kommen wir an die Mitterlache und folgen dem Linksbogen des Weges zur Wegekreuzung. Hier biegen wir rechts ein zum Gut Rothsee mit schöner Kapelle am Rothsee.

Vor der Kapelle folgen wir nun dem Weg nach links zwischen den Hügeln von Wiesberg und dem Buchberg hindurch. Am Abzweig in einer Lichtung rechts abbiegen und nach kurzem Weg scharf rechts zurück zum Waldrand gegenüber. Wir folgen nun dem Weg und gelangen dann rechts zum Weiler Ludwigsried. Am Waldrand rechts oberhalb des Weilers gibt es einen prächtigen Alpenblick.

Auch dieser Weiler hat eine kleine Kapelle. Kapellen wurden in den Weilern errichtet, damit die Bauersleute nur einmal am Tage den Weg zum Gottesdienst in die Kirche gehen mussten. Wir folgen weiterhin dem asphaltierten Fahrweg bis vor an die Straße. Dort gehen wir nach rechts zur Kreisstraße und wieder rechts am Rande der Straße zur hölzernen Riedlkapelle, auch Rote Kapelle genannt, da das Holz der Kapelle rot ist.

Dahinter biegen wir dann links auf die Straße nach Eberfing ein und auf ihr nach Eberfing zurück. Nach dem Friedhof kommt gleich die Kreuzung mit dem Gasthaus zur Post, unserem Ausgangspunkt.

Autoren Tipp

Das Eberfinger Drumlinfeld nimmt den gesamten Raum von den Osterseen bis Diemendorf ein. Entstanden sind die eigenartigen Hügel unter dem Gletschereis der letzten Eiszeit. Ihre tropfenartige Form ist typisch: An der Vorderseite steil und flach, auslaufend an der Rückseite. Meistens bestehen die Drumlins aus verdichtetem Material von Grundmoränen. Zwischen den berühmten Hügeln haben sich oft Weiher wie der Haarsee, die Mitterlache oder der Rothsee sowie Niedermoore gebildet.

39

Unterzeismering
Zum Bauerngirgl
644
Karpfenwinkel
Kampberg
633
620
NSG
Horn
Kurklinik
Schloss Höhenried
Karra
606
Höhenried
Buchheim Museum
Auweiher
Marina
Bernried
597
Landhotel Huber am See
Galla-weiher
Kochelseebahn
608
Hausstätter Weiher
Seeblick
Drei Rosen
Schergen-weiher
Zum Fischmeister
Pestkapelle
Unterholz
623
Gallafilz
Hapberg
Bern-ried
Bern-rieder Park
Gäns-weiher
Neu-see
Wasser-turm
Brandenberg (abgebr.)
643
644
645
589
Bergknapp
NSG
Bernrieder Filz
Lachenweiher
Adelsried
Hapberger Weiher
Unterwald
Neuer Weiher
Haus-weiher
Nußberg
Bernrieder Weiher
Buchsch
640
Nußberger Weiher
Schwabweiher
642
Seeseiten
Jenhausen
639
Schmitten
587
Gasthof-Café-Pension Seeseiten
Höllfilz
600
Oppenried
Eisenrain
609
Anried
Biergarten Lidl
Seeshaupt
595
Seegerichtssäule
Rest. Café am See
Fisch
Kreutberg
Grünbach
Rest. Sonnenhof
654
Seelstein
Seeresidenz Alte Post
Schaugarten
Ulrichsau
600
Rest. Lido
675
Holzerberg
671
Kronleiten
635
Grundwassersee
Gartensee
Ursee
Wolfets-ried
Kronfilz
587
Ostersee-filz
681
Grobensee
NSG
Kochelseebahn
Naturschutzgebiet Osterseen
Frechensee
0 500 m
Amried
Lustsee
Schlossgaststätte Hohenberg
591
Buckelsberg
Ellmann
Stechsee
Schechen-filz

39 Seetour

Am Starnberger See

Zwischen Bernried und Seeshaupt

DAUER	2h 45min
LÄNGE	10,5 km
AUFSTIEG	60 hm
SCHWIERIGKEIT	LEICHT
MIT ÖFFIS ERREICHBAR	ja

Das erwartet dich ...

Schöne Rundwanderung am Starnberger See durch den Bernrieder Park vom Kloster Bernried zum Schloss Seeleiten nördlich von Seeshaupt. Der Bernrieder Park gehörte ab dem 11. Jahrhundert bis zur Säkularisation zum Besitz des Bernrieder Klosters der Augustiner-Chorherren und ist heute Stiftungspark der Wilhelmina-Busch-Woods-Stiftung. Schloss Seeleiten ist ein schlossartiges Landhaus, das nicht besichtigt werden kann. Es gehört aber zu den bedeutendsten Villen am Starnberger See. Einkehren kann man im Gasthof-Café Seeleiten am Schloss und in Gaststätten in Bernried.

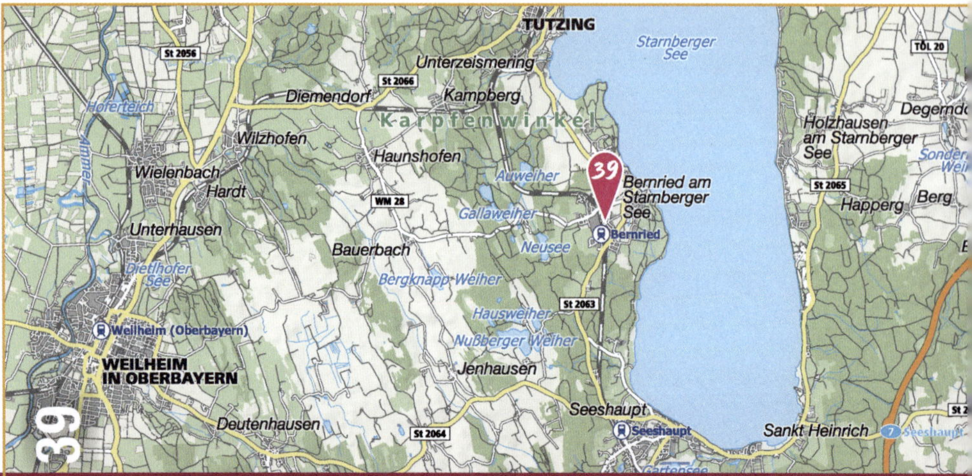

Start & Ziel & Anreise

Wir starten am Parkplatz beim Bahnhof Bernried. Mit dem Auto auf der BAB A95 München–Garmisch-Partenkirchen bis Ausfahrt 7 Seeshaupt. Nach Seeshaupt abbiegen und über Sankt Heinrich und Seeshaupt nach Bernried am Starnberger See. Dort von der Seeshaupter Straße links zum Bahnhof Bernried. Mit der Bahn Linie RB66 von München Richtung Kochelsee bis Bahnhof Bernried am Starnberger See.

Tourenbeschreibung

Nach Verlassen des Bahnhofs Bernried, folgen wir der Bahnhofstraße geradeaus bis an die Seeshaupter Straße, der Staatsstraße 2063. Gegenüber gehen wir weiter auf der Bahnhofstraße bis zur Straße Am Grundweiher, an der wir rechts einbiegen und dann links zum Parkplatz beim Friedhof. Hier gehen wir in die Straße Am Binselberg und geradeaus in den Bernrieder Park hinein.

Weiter wandern wir leicht bergab durch den im englischen Landschaftsstil angelegten Park. Dort wo unser Weg einen Rechtsknick macht gehen wir jetzt auf dem Pfad geradeaus. Er stößt auf den von rechts kommenden Reitweg. Nun geradeaus auf dem Reitweg zum Schloss Seeseiten und an der Kreuzung zum Schloss geradeaus und hinunter an die Straße nach Seeseiten. Links gehen wir nun zum Gasthof-Café Seeseiten am Starnberger See.

Der Rückweg beginnt hier auf dem Weg zum Sportboothafen. Hinter der Kapelle biegen wir links über den Bach am Schloss vorbei über freie Wiesen, Schilf und Buschwerk und schließlich durch den schattigen Wald. Wir wandern immer geradeaus auf schmalem Weg nahe dem Ufer entlang und kommen zu einem Fahrweg, dem Reitweg, der uns vom Hinweg bereits bekannt ist. Hier gehen wir geradeaus und am Abzweig erneut geradeaus, aber dann rechts auf dem Unteren Seeweg zum Ufer am Starnberger See.

Bald erreichen wir wieder den Bernrieder Park und kommen zum Teehaus der Wilhelmina Busch. Weiter geht es auf dem Uferweg bis an die Anlegestelle der Bayerischen Seenschifffahrt.

Nun verlassen wir den See und gehen links den Weg hinauf beim Kloster und der Kirche St. Martin vorbei zur Dorfstraße. Hier erneut links zur Hofmarkskirche und anschließend dann rechts zum Landgasthof Drei Rosen. Beim Gebäude der Bank links in die Bahnhofstraße und über die St 2063 zurück zum Bahnhof Bernried, unserem Ausgangspunkt.

Das Schloss Seeseiten im Bernrieder Park

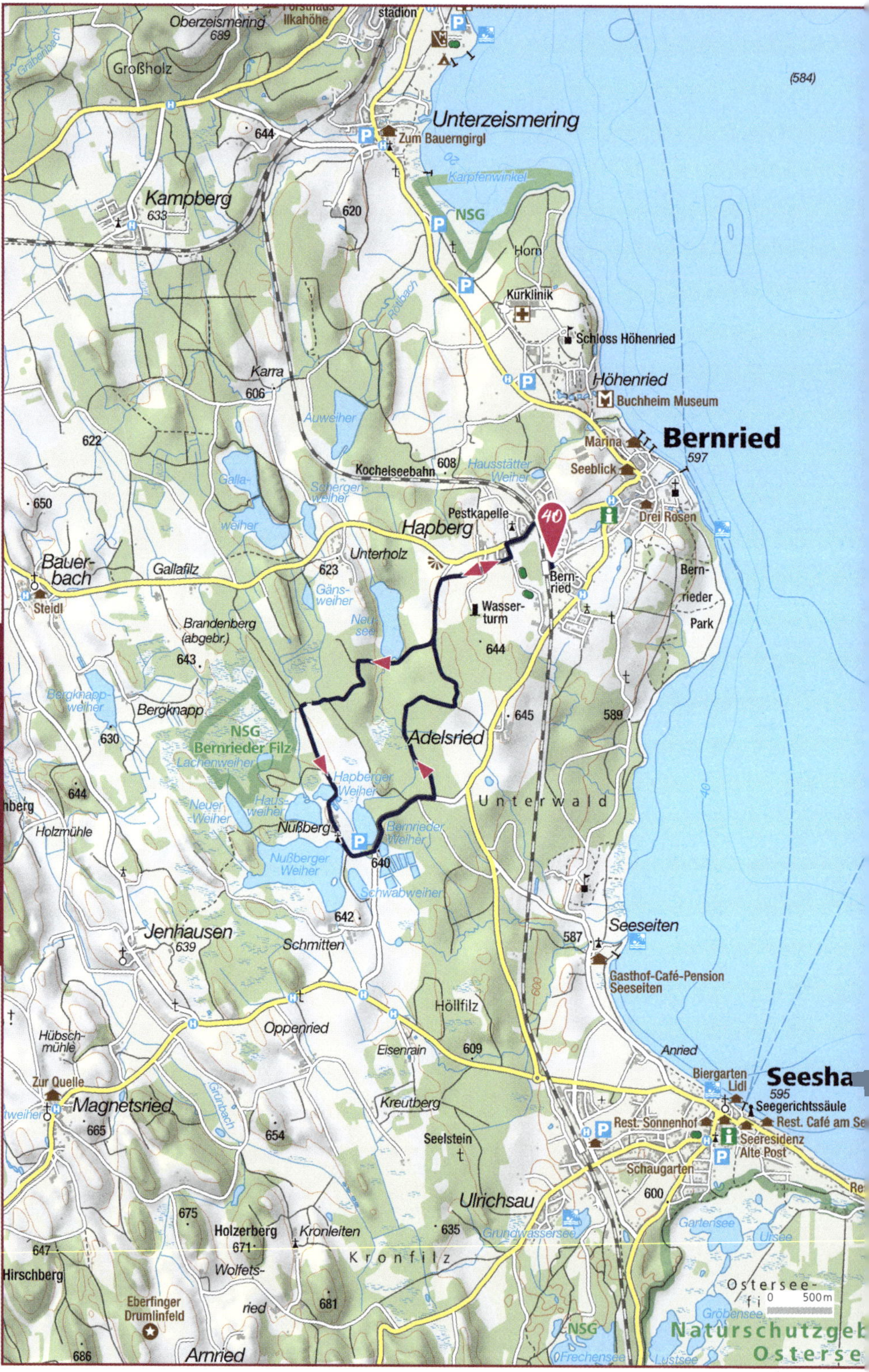

Oberzeismering
689
Ilkahöhe
stadion
Großholz
(584)
Unterzeismering
644
Zum Bauerngirgl
Karpfenwinkel
Kampberg
633
620
NSG
Horn
Kurklinik
Schloss Höhenried
Karra
606
Höhenried
Buchheim Museum
Auweiher
622
Marina
Bernried
597
Galla-
weiher
Kochelseebahn
608
Hausstätter
Weiher
Seeblick
Schergen-
weiher
650
Pestkapelle
Hapberg
Drei Rosen
Unterholz
Bauer-
bach
Gallafilz
623
Gäns-
weiher
Bern-
ried
Steidl
Neu-
see
Wasser-
turm
Bern-
rieder
Park
Brandenberg
(abgebr.)
643
644
Bergknapp-
weiher
Bergknapp
645
589
NSG
Bernrieder Filz
630
Lachenweiher
Adelsried
644
Hapberger
Weiher
Unterwald
Neuer
Weiher
Haus-
weiher
Holzmühle
Nußberg
Bernrieder
Weiher
640
Nußberger
Weiher
Schwabweiher
642
Seeseiten
Jenhausen
639
Schmitten
587
Gasthof-Café-Pension
Seeseiten
600
Höllfilz
Hübsch-
mühle
Oppenried
Eisenrain
609
Anried
Zur Quelle
Biergarten
Lidl
Seesha
595
Seegerichtssäule
Magnetsried
665
Kreutberg
Rest. Sonnenhof
Rest. Café am Se
Grünbach
654
Seelstein
Seeresidenz
Alte Post
Schaugarten
600
Ulrichsau
675
Holzerberg
671
Kronleiten
635
Grundwassersee
Gartensee
Ursee
647
Kronfilz
Hirschberg
Wolfets-
ried
Ostersee-
fi
0 500 m
Eberfinger
Drumlinfeld
681
Gröbensee
Naturschutzgeb
Osterse
686
Arnried
NSG
Frechensee
Lustsee

Tour 40

40 Seetour

Die Nussberger Weiher

Wanderung durch eine eiszeitliche Landschaft

DAUER	2h 30min
LÄNGE	8,8 km
AUFSTIEG	70 hm
SCHWIERIGKEIT	LEICHT
MIT ÖFFIS ERREICHBAR	ja

Das erwartet dich ...

In der ruhigen Wald- und Wiesengegend südöstlich von Bernried gibt es eine ganze Weiher-„Familie" rund um den Weiler Nußberg, die zur intensiven Fischzucht genutzt werden. Sie bilden landschaftliche Höhepunkte, in deren Wasserflächen sich der weiß-blaue Himmel vor der eindrucksvollen Alpenkulisse spiegelt. Die Waldrundwanderung führt auf Forststraßen und Wegen nach Nußberg inmitten der Seenlandschaft. In Bernried gibt es zahlreiche gemütliche Gaststätten, die zur Einkehr einladen.

Start & Ziel & Anreise

Los geht es am Parkplatz beim Bahnhof Bernried. Mit dem Auto auf der BAB A95 München–Garmisch-Partenkirchen bis Ausfahrt 7 Seeshaupt. Nach Seeshaupt abbiegen und über Sankt Heinrich und Seeshaupt nach Bernried am Starnberger See fahren. Dort von der Seeshaupter Straße links zum Bahnhof Bernried. Mit der Bahn von München Hauptbahnhof mit der RB66 Richtung Kochelsee bis Bahnhof Bernried am Starnberger See.

Tourenbeschreibung

Wir beginnen die Rundwanderung am Bahnhof Bernried, wo es für Autofahrer Parkmöglichkeiten gibt. Wir gehen am Parkplatz entlang zur Zugspitzstraße und neben den Bahngleisen zum Bahnübergang an der Weilheimer Straße. Nach rechts queren wir die Gleise und wandern auf der Weilheimer Straße bis zur Straße Am Sportplatz. Hier biegen wir links ab und folgen anschließend dem Hapberger Weg nach rechts. Am Ende der Straße gehen wir zwischen den Häusern hindurch rechtshaltend auf das Feld hinaus. Wir kommen zu einem asphaltierten Querweg, schwenken links ein und folgen ihm an das Ufer des Neusees.

Hier wechseln sich Seen und Hügel ab, eine typische eiszeitliche Landschaft. Weiter geht es auf einem Forstweg über den Bach und dann auf schmalem Weg links zum Heuberg hinauf. Er knickt im weiteren Verlauf links ab und weitet sich deutlich. Dort verlassen wir den Forstweg geradeaus und folgen einem schmalen Pfad, der meist ziemlich zugewachsen und dornig am Waldrand am Weidezaun entlangführt, bis er zu einem geschotterten Querweg stößt. Auf ihn biegen wir links ab, auf einer Trittstufe über den Weidezaun und auf einem Wiesenweg bis zu einem Wohnhaus am Ufer des Hapberger Weihers. Dort erreichen wir wieder einen Asphaltweg. Am Ostufer des Hapberger Weihers halten wir uns rechts zum Weiler Nußberg, zur Sebastianskapelle und zum Nußberger Weiher. Dort stehen zahlreiche Walnussbäume, wie es sich am Nußberger Weiher gehört. Die Weiher wurden für die Fischzucht künstlich erweitert und gehören historisch zum Kloster Bernried.

Auf dem schmalen Sträßchen gehen wir durch eine Linkskurve am Parkplatz vorüber, dann auf der Autostraße links in Richtung Bernried. Die erste Forstwegabzweigung lassen wir links liegen und erst bei der zweiten gehen wir nach links in den Wald hinein. Der Forstweg schlängelt sich ein wenig hin und her, dreht nach rechts und verzweigt sich am Waldrand kurz vor Adelsried. Nun halten wir uns links und bis zum Asphaltsträßchen, wo der Hinweg wieder erreicht wird, dem wir bis zum Ausgangspunkt zurück folgen.

Autoren Tipp

Wer schon in Bernried ist, sollte das Buchheim-Museum nördlich von Bernried besuchen. In der eindrucksvollen Architektur von Günter Behnisch ist die berühmte Expressionistensammlung mit Gemälden, Aquarellen, Zeichnungen und Druckgrafiken zu sehen. Die „Nebensammlungen" umfassen Kunsthandwerk aus aller Welt. Ein Spaziergang durch den Höhenrieder Park ist zudem ein außergewöhnlicher Natur- und Kunstgenuss. Alte Baumgruppen, verwunschene Teiche, Pagoden und Skulpturen säumen den Weg vom Besucherparkplatz zum Museumsgebäude.

41

Wieling
650
Alte Linde
Kalvarienberg
723
729
686
Hotel Elisa
Höfler
Machtlfing
704
Traubing
665
Egelsee
Pölt
Forsthaus
Alter Wirt
678
711
693
702
Buttlerhof
Feldafing
645
726
Friedauer
684
Malerwinkel
Seewies
Kaserne
Schwarzer Graben
709
Deixlfurter Bach
667
740
726
S.W.A.T. Camp
Golfclub Tutzing
727
NSG
Schottenmoos
743
715
Forst
Lange Weiher
Deixlfurt Gut
Pfaffenberg
Garatshausen
685
Deutenberg
Markelfilz
710
Deixlfurter See
Berndorfer Buchet
Politische Akademie
760
739
Obertraubing
Härings Wirtschaft
Olympiastraße
Filzweiher
Tutzing
Hotel am See
704
Monatshausen
Tutzinger Hof
Evangelische Akademie
Ortsmuseum
Tutzinger Keller
Ilkahöhe
726
Sportlerstüberl
629
Würmsee-stadion
Forsthaus Ilkahöhe
Museumsschiff
Oberzeismering
689
640
Grabenbach
Großholz
Unterzeismering
644
Zum Bauerngirgl
662
Diemendorf
626
Karpfenwinkel
Kampberg
633
620
NSG
Horn
Kurklinik
Rötlbach
Beim Dorfwirt
Schloss Höhenried
Haunshofen
638
Karra
Höhenried
Hälterlein
606
Buchheim Museum
Auweiher
622
Marina
Bernried
597
0 500 m
Kochelseebahn
608
Hausstätter Weiher
Seeblick
Schergenweiher
Drei Rosen

Tour 41

Panoramatour 41

Die Ilkahöhe

Hoch über dem Starnberger See

DAUER	2h 15min
LÄNGE	9 km
AUFSTIEG	110 hm
SCHWIERIGKEIT	LEICHT
MIT ÖFFIS ERREICHBAR	ja

Das erwartet dich ...

Eine großartige Rundwanderung hinauf zur Ilkahöhe und über den Deixlfurter See zurück nach Tutzing an das Ufer des Starnberger Sees. Berühmt und beliebt ist die 726 m hohe Ilkahöhe wegen ihrer grandiosen Aussicht über den Starnberger See und auf den Alpenbogen. Rund 120 Meter überragt sie den Starnberger See. Klar, dass sie einen großartigen Aussichtspunkt bildet. Unterhalb der Ilkahöhe gibt es eine beliebte Wirtschaft, das Forsthaus Ilkahöhe, wo es sich angenehm einkehren lässt.

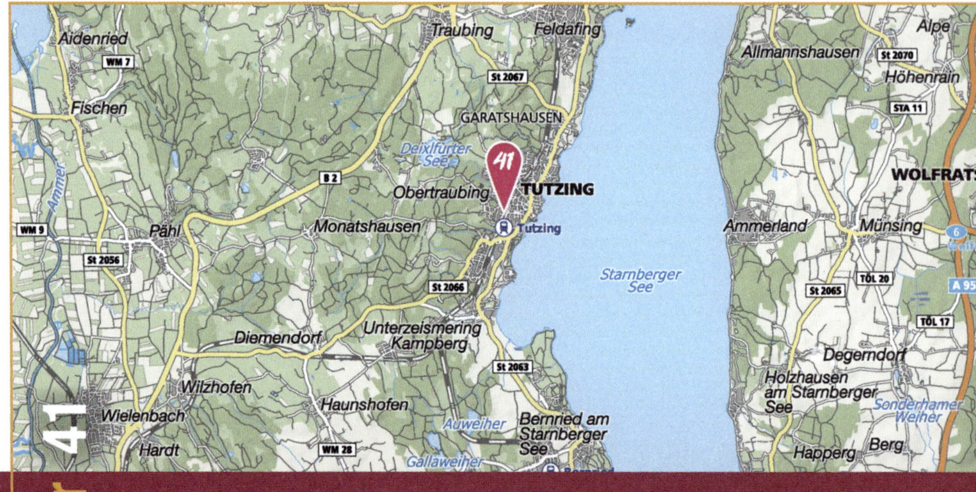

41 Panoramatour

Start & Ziel & Anreise

Ausgangspunkt ist der Parkplatz beim Bahnhof in Tutzing. Mit dem Auto von München auf der BAB A95 München–Garmisch-Partenkirchen zum Abzweig der A952 nach Starnberg. In Starnberg auf die B2 Richtung Weilheim bis nach Traubing. Von der Ortsumfahrung links auf die St2067 nach Tutzing einbiegen. An der St2063 rechts nach Tutzing hinein bis zur Bahnhofstraße. Dort biegen wir rechts ein zum Parkplatz am Bahnhof Tutzing. Mit der S-Bahn Linie S6 von München nach Tutzing, Endhaltestelle.

Tourenbeschreibung

Beim Bahnhof gehen wir vom Parkplatz links zur Heinrich-Vogl-Straße. Ihr folgen wir durch die Bahnunterführung und dahinter links in den Beringerweg. Nun rechtshaltend die Straße Am Höhenberg hinauf, wo sich die Straße zu einem Weg verengt, der bald von einer alten Allee eingesäumt ist. Hinter dem Reiterhof geht es in den Wald hinein. Bei der folgenden Wegkreuzung gehen wir geradeaus zum Parkplatz. Bei ihm biegt die Rundtour links ab und führt wieder auf einer alten Allee bis kurz vor den Gutshof Oberzeismering. Nach diesem Anstieg gehen wir erst einmal zum Forsthaus Ilkahöhe und kehren ein. Vom Biergarten aus hat man eine super Aussicht. Beim Gasthaus steht die Kirche St. Nikolaus; sie wird von den Tutzingern gerne für Hochzeiten genutzt.

Nach der Einkehr folgen wir dem Sträßchen wieder zum Gutshof hinauf und gehen an der Kreuzung geradeaus weiter bis an das Wäldchen. Dort kürzen wir ab und nach rechts hinauf und erneut rechts auf den Querweg zur Ilkahöhe. Hier haben wir den höchsten Punkt der Wanderung erreicht. Auf diesem Weg schlendern wir nun dahin bis an eine asphaltierte Straße. Auf ihr rechts hinab zur Kreuzung und dort links einbiegen. Den Parkplatz kennen wir bereits und gehen jetzt aber geradeaus zu den Häusern von Obertraubing. Die Bavariastraße führt uns zur Kustermannstraße. Hier gehen wir kurz rechts, um an der Kurve in den Weg links Richtung Deixlfurter See einzubiegen.

Beim ersten Weiher rechts von uns muss man die Straße nach links verlassen, um durch den Wald zum Deixlfurter See hinüberzugehen. Die Route führt am Seeufer entlang bis wir am Ende eines durch hohes Schilf führenden Weges rechts abzweigen, um auf einer Kastanienallee zur Straße zu gehen. Auf ihr geradeaus weiter, bei der ersten Verzweigung rechts halten und sofort darauf nach rechts auf einen Waldweg einbiegen. Wir gelangen bei den ersten Wohnhäusern auf einen Fahrweg, der nach Tutzing führt. In der Linkskurve verlassen wir den Fahrweg rechts zur Kreuzeckstraße hinunter und gehen zur Zugspitzstraße. Ihr folgen wir nach rechts, um nach 200 Metern links auf die Herzogstandstraße einzubiegen. Wir gehen geradeaus, nun im Benediktenweg zur Traubinger Straße hinunter, der wir dann schräg rechts folgen. Am Bahngleis erreichen wir die Heinrich-Vogl-Straße. Hier biegen wir rechst ein und an der zweiten Bahnunterführunggehen wir links zum Bahnhof Tutzing, unserem Ausgangspunkt.

Von der Ilkahöhe haben wir eine wunderschöne Aussicht über den Starnberger See

42

Pöcking
Nieder-
pöcking
Possenhofer
Wald
Windsurfing-Schule
Paradies-Badeplatz
Kiosk Paradies
Zur Post
Hotel Kefer
Kaiserin Elisabeth Museum
Possen-
hofen
Possenhofen
Schloss Possenhofen
Schiffsglocke
Jachthafen
Seehotel Le
Auwinger Moos
Aschering
644
Lindenberg-Siedlung
652
667
669
661
Kalvarienberg
611
Wieling
650
Alte Linde
686
Hotel Kaiserin Elisabeth
Forsthaus am See
Strandbad
Traubing
665
Alter Wirt
Egelsee
678
Pölt
Feldafing
645
Roseninsel
Schloss Roseninsel
Seeleiten
Bismarck-Turm
Malerwinkel
684
709
Seewies
Kaserne
585
588
Seeburg
667
Pfaffenberg
685
Garatshausen
NSG
Politische Akademie
603
Härings Wirtschaft
Tutzing
Hotel am See
Tutzinger Hof
Evangelische Akademie
Ortsmuseum
Tutzinger Keller
Sportlerstüberl
629
Würmsee-stadion
Forsthaus Ilkahöhe
Museumsschiff
Hotel am See
Gerer
Wimp land
(584)
587
Unterzeismering
Zum Bauerngirgl
644
0 500 m

42

Seetour

Possenhofen – Tutzing

Auf den Spuren von Kaiserin Elisabeth von Österreich (Sisi)

DAUER	3h
LÄNGE	9,4 km
AUFSTIEG	70 hm
SCHWIERIGKEIT	LEICHT
MIT ÖFFIS ERREICHBAR	ja

Das erwartet dich ...

Eine Wanderung, die im Zeichen der Kaiserin Elisabeth von Österreich steht. Gleich am Bahnhof steht das Elisabeth-Museum. Ein Museum über die Kaiserin Elisabeth von Österreich und Königin von Ungarn, auch Sisi genannt. Unten am Starnberger See liegt das Schloss Possenhofen, wo Sisi den Großteil ihrer Jugend erlebte und ab und zu König Ludwig II. auf der Roseninsel traf. Die Wanderung führt am Westufer des Starnberger Sees entlang von Schloss Possenhofen über die Roseninsel bis zum Schloss Tutzing.

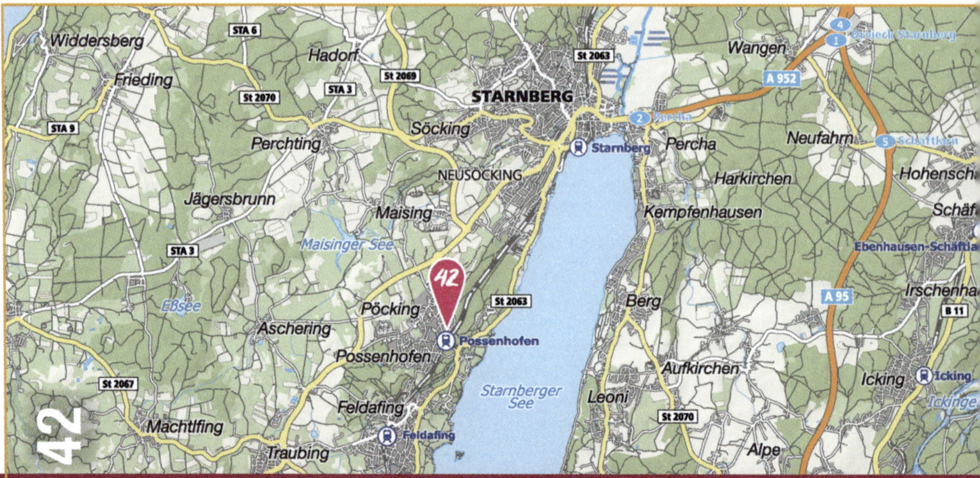

42

Seetour

Start & Ziel & Anreise

Wir starten am Parkplatz beim S-Bahnhof Possenhofen. Mit dem Auto von München auf der BAB A95 München–Garmisch-Partenkirchen zum Abzweig der A952 nach Starnberg. In Starnberg auf die B2 Richtung Weilheim bis zur Ausfahrt Pöcking. Nach Pöcking hineinfahren bis zur Hindenburgstraße. Dort links Richtung Possenhofen und zum S-Bahnhof Possenhofen abbiegen. Nach der Straßenbrücke rechts zum Parkplatz beim Bahnhof. Mit der S-Bahn Linie S6 von München nach Tutzing bis zum Bahnhof Possenhofen.

Tourenbeschreibung

Vom S-Bahnhof Possenhofen folgen wir den Wegweisern zur Jugendherberge in die Karl-Theodor-Straße hinab. An der Fischerkapelle gehen wir links zum Schloss Possenhofen und vor dem Schloss rechts zum Ufer des Starnberger Sees. Dort hat der Jachtclub Possenhofen sein Domizil. Auf dem Seeuferweg wandern wir zum Jachthafen Goetzke und kommen dort beim Gasthaus Forsthaus am See vorbei. Vor uns liegt nun das Strandbad Feldafing. Auch hier gibt es ein Restaurant, um das der Seeuferweg herumführt. An der Landspitze gegenüber der Roseninsel verkehrt eine Fähre hinüber zur nur 170 Meter entfernten Insel.

Der Rosengarten, das Casino und das kleine Schloss Wörth auf der Insel sind beliebte Ausflugsziele.

Jetzt wird es ruhiger auf dem Seeuferweg Richtung Garatshausen, bis man vor dem Schloss Garatshausen nach rechts ein wenig hinauf und dann wieder zum See hinab muss. Linker Hand liegt die Hans-Albers-Villa. Der Volksschauspieler verbrachte hier gerne seine freie Zeit zwischen den Dreharbeiten und Bühnenengagements.

Zurück am See gehen wir am Freibad Garatshofen vorbei zum Nordbad von Tutzing. Hier halten wir uns rechts auf dem Ebersweg, kreuzen die Zufahrtsstraße zur Brahmspromenade und gehen auf dem Brahmsweg zur Schiffsanlegestelle beim Schloss Tutzing.

Vor dem Schloss halten wir uns rechts zur Schlossstraße und biegen links in die Monsignore-Schmid-Straße ein. Dann gehen wir rechts hinauf zur Hauptstraße und dort links zur Bahnhofstraße. Sie führt uns zum S-Bahnhof Tutzing. Für den Rückweg bietet sich die S-Bahn an, die Schiffe verkehren weniger oft.

Das „Alte Schloss" Possenhofen

Schönberg
661
LEUTSTETTEN
592
Einbettl
Sonnenberg
661
655
HANFELD
655
Weber
652
Rieden
639
Petersbrunn
Höllberg
Leutstettener Moos
DAV-Kletteranlage Starnberg
Murnau
NSG
585
Villa Rustica
Wildmoos
598
Auf der Alm
Alersberg
699
Schießstätte
Tierheim
Goldsee
Galgensee
Leutstettener
Truhensee
699
Opatija-Grill
STARNBERG
587
Heimatshausen
SÖCKING
668
Marco Polo
Moos
Würm
Percha
685
952
Gut
Buchhof
43
Le Fleur
Museum Starnberger See
Undosa
Werft
Wasserpark
Brückenwirt
PERCHA
590
Maisinger Schlucht
640
636
620
Harkirchen
626
625
Neusöcking
629
Truppenübungsplatz
602
Manthal
Lüßbach
Kaserne
Schmalzhof
Kempfenhausen
Maxhof
Olympiastraße
644
648
Mahnthal
Mahnthalhammer
660
661
Niederpöcking
Martinsholzen
Hotel Schloss Berg
679
Berg
640
Possenhofer Wald
Windsurfing-Schule
Paradies-Badeplatz
Kiosk Paradies
St. Anna Kapelle
Frühtau
Farchach
628
Hotel Kefer
Kaiserin Elisabeth Museum
Votivkapelle
Possenhofen
43
Sternwarte
683
Halsbach
Grimaldi's Ristorante
Possenhofen
Schloss Possenhofen
Seehotel Leoni
590
Schiffsglocke
611
Jachthafen
646
Aufkirchen
677
Leoni
Gasthof Zur Post
664
Aufhausen
Lüßbach
Biberkorb
Forsthaus am See
Strandbad
668
Seeleiten
Assenhausen
Biberkor
Sibichhausen
Bismarck-Turm
0
500 m
Roseninsel
Schloss Roseninsel
Allmanns-
640
Filz

Tour 43

43 Seetour

Starnberg – Leoni

Wo König Ludwig II. auf mysteriöse Art und Weise ums Leben kam

DAUER	2h
LÄNGE	7,1 km
AUFSTIEG	40 hm
SCHWIERIGKEIT	LEICHT
MIT ÖFFIS ERREICHBAR	ja

Das erwartet dich ...

Eine schöne Seepromenade zu Beginn unserer Wanderung in Starnberg. Am Nordufer wandern wir über die Nepomukbrücke an der Würm ans Ostufer mit vielen Strandbädern und Restaurants zur Votivkapelle im Wald unterhalb von Berg. Hier soll der bayerische König Ludwig II. auf mysteriöse Weise ums Leben gekommen sein. Erst knapp 10 Jahre nach dem Tod von König Ludwig II. wurde oberhalb der Todesstelle die Votivkapelle zum Gedenken errichtet. Am Schiffsanleger in Leoni endet die Wanderung. Zurück geht es von hier mit dem Schiff nach Starnberg.

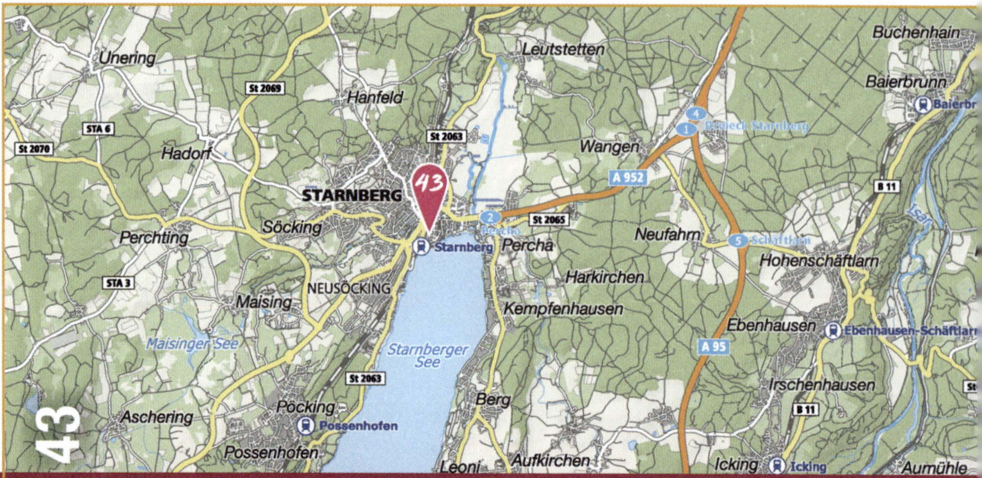

Start & Ziel & Anreise

Ausgangspunkt ist der Parkplatz beim Bahnhof Starnberg. Mit dem Auto von München auf der BAB A95 München–Garmisch-Partenkirchen zum Abzweig der A952 nach Starnberg. In Starnberg auf die B2 Richtung Weilheim. Zuerst auf der Münchner Straße und dann weiter auf der Hauptstraße bis zur Bahnhofstraße. Dort links einbiegen und zum Parkplatz beim Bahnhof fahren. Mit der Bahn erreichen wir Starnberg mit der S-Bahn Linie S6 von München zum Bahnhof Starnberg.

Tourenbeschreibung

Vom Parkplatz auf der Nordseite des Bahnhofs Starnberg gehen wir nach links, dann durch die Unterführung des Bahnhofs zur Seeseite und den Schiffsanlegestellen. Dort auf der Seepromenade halten wir uns links zum Strandcafé und weiter an den Bahngleisen entlang zum Bürgerpark „Schiffswiesen". Am Spielplatz gelangen wir zur Dampfschiffstraße und rechts zum Nepomukweg. Bald liegt vor uns rechts am Ufer das Strandbad Starnberg und links der Hafen an der Würm. Auf der beweglichen Nepomukbrücke, einer Klappbrücke, wandern wir über die Würm nach Percha.

Unmittelbar hinter der Brücke führt unser Weg rechts über eine weite Liegewiese am Ufer entlang, dann über die bewegliche Treppenbrücke des Lüßbaches zum Strandbad in Percha. Unterhalb des Parkplatzes spazieren wir auf dem schönen Uferweg mit Blick nach Starnberg am Landschulheim vorbei nach

Kempfenhausen. Dort beschreibt der Weg eine Linkskurve und nach wenigen Metern einen Knick nach rechts, um dann wieder ans Ufer zu führen. Wir kommen auf die Seestraße und folgen ihr rechts zum Schiffsanleger in Berg beim Strandhotel Berg.

Nach der Kurve gehen wir weiter bis zur Wittelsbacherstraße. Rechts im Park steht Schloss Berg, die ehemalige Sommerresidenz von König Ludwig II. Wir gehen auf der Wittelsbacherstraße rechts um den Schlosspark herum und gelangen an einen Waldweg, dem wir nach rechts hinunter folgen. An der Verzweigung halten wir uns rechts und gehen geradewegs zur Votivkapelle.

Am Ufer steht das Gedenkkreuz für den Bayernkönig. Nach dem Besuch der Gedenkkapelle folgen wir dem breiten Kiesweg ein wenig abwärts und kommen auf den Parkweg und zur Assenbucher Straße. Hier halten wir uns rechts zum Seehotel in Leoni. Direkt vor dem Hotel befindet sich der Landungssteg Leoni für die Linienschiffe, wo unsere Tour endet. Um unseren Ausgangspunkt zu erreichen fahren wir mit dem Schiff über den Starnberger See nach Starnberg.

Der Landungssteg in Starnberg

Staatsforst
Unterbrunn
Königswiesen
Reismühl
Buchendorf
592
606
537
Kasparskreut
Ullrichskapelle
Schlossberg
Leutstetter Geräumt
Dillis-Geräumt
Max-Josef
604
638
631
Herrgottsruh
Mühlthal
Ruine Karlsburg
647
626
Schlossgaststätte
LEUTSTETTEN
Schwaige
Schwaigwald
Schönberg
661
592
Einbettl
Rieden
639
Petersbrunn
Sonnenberg
661
Unterschorn
Höllberg
Leutstettener Moos
Murnau
DAV-Kletteranlage Starnberg
NSG
585
Villa Rustica
WANGEN
652
652
Wildmoos
598
Schießstätte
Tierheim
Goldsee
Galgensee
Leutstettener
Truhensee
Holzeder
STARNBERG
587
Heimatshausen
Moos
Würm
44
95
E533
634
Fercha
952
Gut
Buchhof
Bürgerpark Schiffswiesen
Brückenwirt
PERCHA
Le Fleur
Werft
Wasserpark
651
Neufahrn
Undosa
590
636
620
Lüßbach
626
665
Harkirchen
625
602
Manthal
Wadlhäuser Gräben
Kempfenhausen
Mahnthal
680
667
Mahnthalhammer
660
Martinsholzen
Grubholz
Hotel Schloss Berg
679
675
Berg
640
0
500 m
St. Anna Kapelle
Frühtau
Mörlbach
674

Leutstettener Moos

Auf dem Moosrundweg von Percha nach Leutstetten

DAUER	2h 15min
LÄNGE	8,5 km
AUFSTIEG	80 hm
SCHWIERIGKEIT	LEICHT
MIT ÖFFIS ERREICHBAR	ja

Das erwartet dich ...

Direkt ins Moos kommt man bei diesem Wanderweg am Rande des bedeutenden Naturschutzgebietes nicht hinein. Trotzdem sind die landschaftlichen Eindrücke beim Rundweg recht schön. Beiderseits der Würm erstreckt sich das Leutstettener Moos. Es ist größtenteils aus der Verlandung der Nordbucht des Starnberger Sees entstanden. Bis Einbettl begleitet uns der Moosrundweg, der von der Stadt Starnberg angelegt wurde. Einkehren können wir in der Schlossgaststätte Leutstetten, unterhalb von Schloss Leutstetten, und in Starnberg.

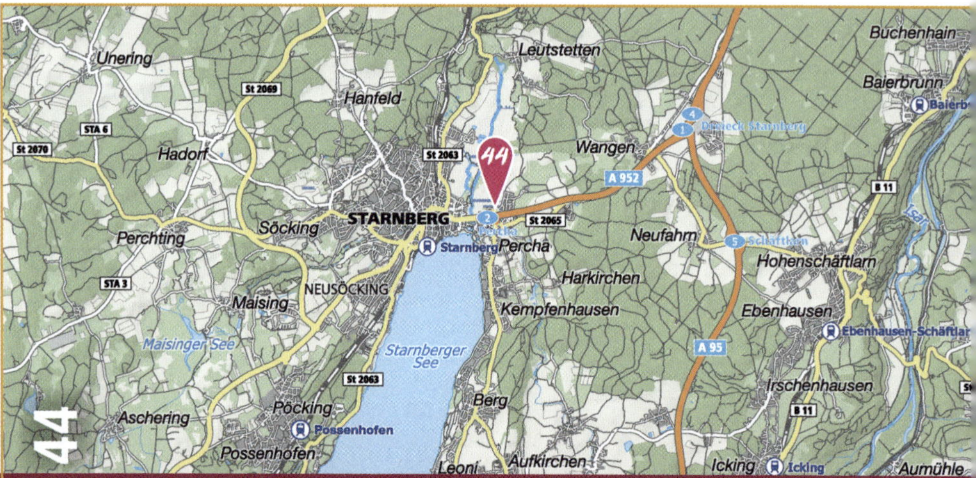

Start & Ziel & Anreise

Wir starten in Starnberg-Percha, am Parkplatz bei der Tennisanlage in Percha. Mit dem Auto auf der BAB A95 von München Richtung Garmisch-Partenkirchen. Am AB-Dreieck Starnberg auf der A952 Richtung Starnberg zur Ausfahrt 2 Percha fahren. Dort links zum Parkplatz bei der Tennisanlage. Mit der S-Bahn Linie S6 von München bis Bahnhof Starnberg-Nord und umsteigen in den Bus Linie 904 zur Haltestelle Percha-Würmstraße. Unter der Autobahn hindurch kommt man dann zur Tennisanlage.

Tourenbeschreibung

Wir beginnen die Wanderung bei der Tennisanlage in Percha und gehen auf der Heimatshausener Straße auf dem Moosrundweg bei den Infotafeln zum Leutstettener Moos entlang. Linker Hand breitet sich bereits das Niedermoor aus. Beim Birkenweg verlassen wir die Straße und gehen auf dem Fuß- und Radweg in der gleichen Richtung weiter. Wir gelangen bald in den feuchten Auwald, wo das Durchkommen auf einem Holzsteg erleichtert wird. Kurz vor der Hochspannungsleitung queren wir den Röhrlbach, der durch das Verlandungsgebiet fließt.

Bei der folgenden Wegegabelung mitten im Wald gehen wir geradeaus. Den Abzweig eines breiten Weges rechts ignorieren wir und gehen nach wenigen Metern links auf einem Pfad über eine Brücke zur Villa Rustica, der Ausgrabungsstätte einer römischen Villa aus dem 2. Jahrhundert n. Chr.

Der Grundriss der Villa wurde so rekonstruiert, dass die Gesamtform des antiken Baus erkennbar ist. Anschließend gehen wir den Weg zurück und links zur Siedlung Einbettl. Im Ort stoßen wir beim Wegekreuz auf die Wangener Straße. Zur Schlossgaststätte geht es links nach Leutstetten. Wir biegen aber rechts ab Richtung Wangen und aus Einbettl hinaus. Durch lichten Laubwald wandern wir auf der kaum befahrenen Wildmoosstraße bis zu einer Linkskurve. Dort zweigt auf der rechten Seite ein Fahrweg ab, der im Wald zu den Häusern von Wildmoos führt.

Beim Wildmooshof gehen wir links und vor zur Bushaltestelle und bei ihr nach rechts auf einen Feldweg. Nun geht es zuerst durch eine parkartige Wald- und Wiesenlandschaft, dann durch den Wald immer dem Hauptweg entlang. Er erreicht schließlich das Gestüt Heimatshausen, schwenkt dort ein wenig nach links und auf der Heimatshausener Straße kommen wir nach Percha hinein. Auf ihr durch die Siedlung bis an den Hinweg des Moosrundweges. Wir biegen dann links ab und kommen zu unserem Ausgangspunkt zurück.

Das Leutstettener Moos

GUT
ZU WISSEN

Hacks

Unsere Wander-Hacks

Es geht auch einfacher

HACKS

SAISONSTART

1000 Höhenmeter und 20 Kilometer sind etwas viel für die erste Tour, fange mit einigen gemütlichen Wanderungen an und steigere dich langsam. Je nach Fitnesslevel können das über 500 Höhenmeter am Anfang sein oder auch 200. Hör auf deinen Körper und überfordere dich nicht gleich am Anfang.

AUFWÄRMEN

Das Herz pumpt schon nach den ersten fünf Minuten wie verrückt? Dann bist du wohl zu schnell los! Wie bei jeder Sportart solltest du dich auch beim Wandern aufwärmen. Gehe die erste halbe Stunde etwas langsamer, bis der Kreislauf in Schwung gekommen ist. Vor allem in ungewohnten Höhenlagen muss sich dein Körper erst einmal an die neuen Bedingungen gewöhnen.

SCHUHWERK & SOCKEN

Das richtige Schuhwerk erspart dir sehr viel körperliches Leid – angefangen von Blasen und Druckstellen bis hin zu gefährlichen Stürzen durch Umknicken. Gleiches gilt für Wandersocken; sie sollten gut passen (lieber etwas zu klein kaufen) und Verstärkungen an der Ferse und Fußsohle haben, damit du hier keine schmerzhaften Blasen bekommst.

Endlich was Neues ausprobieren

Lust was Neues auszuprobieren?

WENN JA, HABEN WIR EIN PAAR VORSCHLÄGE FÜR DICH.

- **FLOSSFAHRT AUF DER ISAR:** Mit Musik und zünftiger Verpflegung wird die Floßfahrt auf der Isar zu einem geselligen Ausflug.

- **MIDNIGHT-BAZAR:** Second-Hand, Street-Food und sogar Live-Musik gibt es jeden Samstag bis Mitternacht am Nachtflohmarkt im Backstage Kulturzentrum in München.

- **SURFEN IM EISBACH:** Direkt beim Englischen Garten stürzen sich Surfer in die kalten Fluten des Eisbachs. Ein Spektakel, was Zuschauer wie Fotografen gleichermaßen anlockt.

- **BIERGARTEN:** Zwar nichts Neues, aber was wäre München ohne eine Maß Bier in einem Biergarten zu genießen. Besonders beliebt sind der Augustiner-Keller, das Hofbräuhaus oder der Hirschau-Biergarten.

Von Vorteil

FÜR MENSCH & NATUR

Nachhaltigkeit

BEIM WANDERN

Wandern ist eine recht schonende Sportart für die Natur und unsere Umwelt, wenn wir einige wenige Dinge beachten. Denn das Gleichgewicht ist hier extrem sensibel: Jedes zurückgelassene Papierchen in schönster Umgebung, jede Plastikwasserflasche oder auch noch so tolle Outdoorjacke, dafür voll von chemischen Inhaltsstoffen, fallen ins Gewicht. Folgende fünf Punkte geben euch einen kurzen Überblick, was ihr für euch und die Natur tun könnt. Denn Umweltschutz betrifft uns alle, schließlich haben wir nur eine Erde und mit dieser sollten wir behutsam und respektvoll umgehen.

Und das kannst du machen ...

Green-Guide

01 Nachhaltigkeit beginnt schon bei der Anreise: Je mehr Menschen mit dem Auto fahren, desto mehr CO_2-Ausstoß und desto mehr umweltschädlicher Gummiabrieb der Reifen gibt es. Doch viele Ausgangspunkte sind auch gut mit den öffentlichen Verkehrsmitteln zu erreichen. Also einfach mal das Auto stehen lassen. Oder Fahrgemeinschaften bilden.

02 Keine Einwegflaschen: Gerade das Trinken ist auf Wanderungen wichtig. Doch sollte man aus Rücksicht zur Natur und sich selbst zuliebe auf Einwegflaschen aus Plastik verzichten und lieber seine eigene Trinkflasche mitnehmen.

03 Kein Verpackungsmüll: Die Verpflegung für den Hunger zwischendurch ist mindestens genauso wichtig wie das Trinken. Brotdosen bieten sich zum Transport von Proviant an oder einfach alles in ein Bienenwachstuch einwickeln.

04 Wanderausrüstung leihen: Gerade beim Ausprobieren einer Sportart muss nicht gleich alles neu gekauft werden, was dann vielleicht im Keller landet. Manche Ausrüstungsgegenstände können auch erst einmal ausgeliehen werden. Auch ist es nicht notwendig, jedes Jahr ein neues Outfit zu kaufen. Achtet ihr schon beim ersten Kauf auf Qualität, macht sich das bemerkbar, denn qualitativ hochwertigere Produkte begleiten uns oft jahrelang.

05 Weniger ist mehr: Oft findet sich die schönste Natur in unmittelbarer Nähe. So muss es nicht immer die weit entfernte Gebirgskette sein. Auch Ziele, die aufgrund ihrer Bekanntheit an Wochenenden und in den Ferien total überlaufen sind, freuen sich über ein paar Besucher weniger. Weniger bekannte Ziele haben auch ihren Reiz und warten nur darauf, entdeckt zu werden.

Endlich
Feierabend

Karl-Kapferer-Straße 5, A-6020 Innsbruck

1. Auflage 2022 (22.01)
Verlagsnummer 3502
ISBN 978-3-99121-363-5

Konzept und Bildnachweis

Konzept & Gestaltung: © KOMPASS-Karten GmbH

Text: KOMPASS-Karten AutorInnen (s. Klappe)

Grafische und Kartografische Herstellung:
© KOMPASS-Karten GmbH

Kartenausschnitte: © KOMPASS-Karten GmbH unter Verwendung OpenStreetMap Contributors (www.openstreetmap.org)

Titelbild: Die Isar beim Isarwehr Oberföhring;
© Westend61 - stock.adobe.com

Rückseite Cover: Blick auf die Frauen- und Theatinerkiche aus dem Hofgarten; © Stefan - stock.adobe.com

Weiterer Bildnachweis:
S.2/3: © Daniel - stock.adobe.com
S.4/5; S.15: © allessuper_1979 - stock.adobe.com
S.8/9; S.10/11; S.204/205; S.212/213: © Stefan - stock.adobe.com
S.16: © Halfpoint - stock.adobe.com
S.18; S.41: ©Rockafox - stock.adobe.com
S.21: © ah_fotobox - stock.adobe.com
S.22: © Frank - stock.adobe.com
S.24/25; S.214/215: © markus - stock.adobe.com
S.27; S.31; S.47; S.55; S.59; S.63; S.67: © hurradraussen
S.35; S.39; S.43; S.77; S.81; S.85; S.93; S.97; S.101; S.105; S.109; S.113; S.117; S.119; S.121; S.123; S.125; S.129; S.137; S.153; S.155; S.157; S.161; S.165; S.171; S.173; S.177; S.183; S.185; S.189; S.199; S.203; S.210: Siegfried Garnweidner
S.51: © franke 182 - stock.adobe.com
S.71; S.74/75: © Ina Ludwig - stock.adobe.com
S.79: © Havrilex - stock.adobe.com
S.83: © esiewert - stock.adobe.com
S.89: © HerrKaiser - stock.adobe.com
S.91: © acrogame - stock.adobe.com
S.99: © Gilbert - stock.adobe.com
S.111: © Markus - stock.adobe.com
S.127: © Hans und Christa Ede - stock.adobe.com
S.133; S.135: © lisa Gött- stock.adobe.com
S.141: © Ranko Maric - stock.adobe.com
S.143: © AlexF76 - stock.adobe.com
S.145: © zauberblicke - stock.adobe.com
S.149; S.151: © SusaZoom - stock.adobe.com
S.159: © FMI PHOTOGRAPHI - stock.adobe.com
S.167: © Landgasthof Hoisl-Bräu
S.169: © infra2808 - stock.adobe.com
S.181: © Ulrich - stock.adobe.com
S.191: © pwmotion - stock.adobe.com

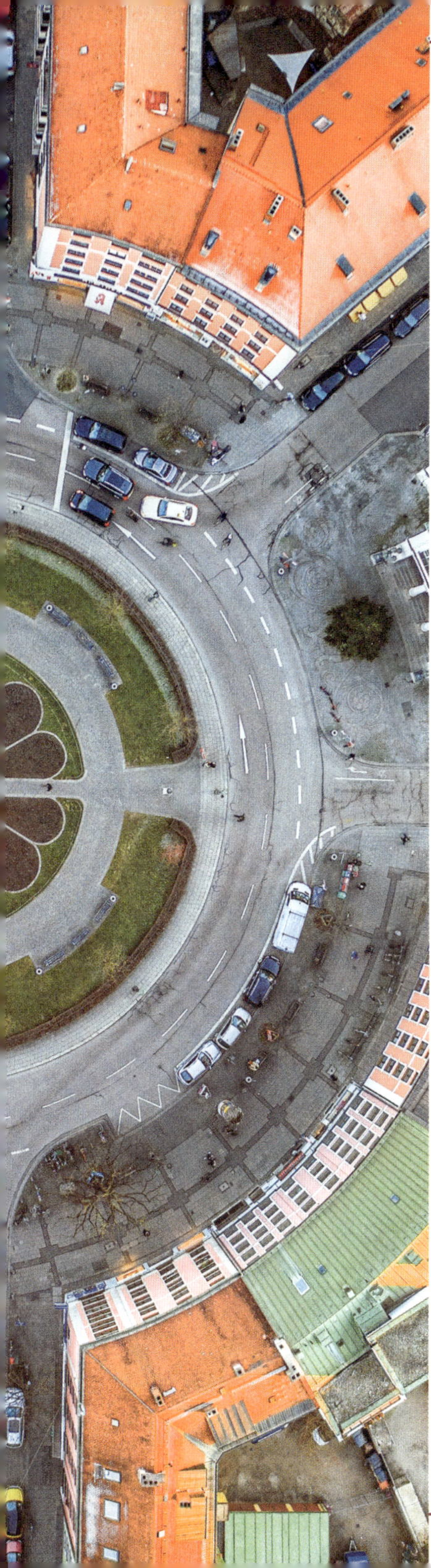

Deine Orientierung

FÜR DAS NAVIGATIONSGERÄT DEINER WAHL HABEN WIR ALLE TOUREN ALS GPX-TRACK ZUM DOWNLOAD.

Du planst und navigierst lieber digital? Dafür haben wir alle Touren auf unserer Webseite für dich.
www.kompass.de/gpx
Damit kommst du direkt zum Download-Bereich. Einfach das richtige Produkt auswählen, herunterladen und auf das Zielgerät oder in die gewünschte App importieren.

Weiterer Bildnachweis:
S.193: © Peter Maszlen - stock.adobe.com
S.195: ©Wolfgang Zwanzger - stock.adobe.com
S.197: © magann - stock.adobe.com
S.201: © Himmelswiese - stock.adobe.com
S.206: © BalanceFormCreative - stock.adobe.com
S.209: © Frank Lambert - stock.adobe.com

Alle Angaben und Routenbeschreibungen wurden nach bestem Wissen gemäß unserer derzeitigen Informationslage gemacht. Die Wanderungen wurden sehr sorgfältig ausgewählt und beschrieben, Schwierigkeiten werden im Text kurz angegeben. Es können jedoch Änderungen an Wegen und im aktuellen Naturzustand eintreten. Wanderer und alle Kartenbenützer müssen darauf achten, dass aufgrund ständiger Veränderungen die Wegzustände bezüglich Begehbarkeit sich nicht mit den Angaben in der Karte decken müssen. Bei der großen Fülle des bearbeiteten Materials sind daher vereinzelte Fehler und Unstimmigkeiten nicht vermeidbar. Die Verwendung dieses Führers erfolgt ausschließlich auf eigenes Risiko und auf eigene Gefahr, somit eigenverantwortlich. Eine Haftung für etwaige Unfälle oder Schäden jeder Art wird daher nicht übernommen. Für Berichtigungen und Verbesserungsvorschläge ist die Redaktion stets dankbar. Korrekturhinweise bitte an folgende Anschrift:

KOMPASS KARTEN GMBH
Karl-Kapferer-Straße 5, A-6020 Innsbruck
www.kompass.de/service/kontakt

#folgedeinemKOMPASS